제국의 충돌

'차이메리카'에서 '신냉전'으로

제국의

홍호평 지음
하남석 옮김

sh of Empi

충돌

글항아리

일러두기

150쪽의 [그림 1]은 63쪽의 [그림 3]과 동일하다. 또한 153쪽의 [그림 3]은 64쪽의 [그림 4]와
동일하다.

많은 사람이 최근의 미중 관계 악화가 이데올로기적 차이에서 기원하는 '신냉전'을 의미한다고 믿는다. 그러나 1990년대와 2000년대에 두 나라가 경제 통합과 지정학적 협력을 추구하는 것에 그러한 이데올로기적 차이는 방해되지 않았다. 저자는 미중 관계 변화의 기저에 있는 것은 미국과 중국의 기업 간 관계 변화라고 주장한다. 2010년 이후 중국의 경제 침체에 이어 국가가 배후에 있는 중국 기업들은 국내 시장과 세계 시장 모두에서 성장하면서 더욱 공격적으로 변해왔다. 중국 기업의 성장은 미국 기업의 쇠퇴를 대가로 한 것이었으며, 미국 기업들은 워싱턴에서 기존의 대중국 사업을 위해 강도 높게 진행하던 로비를 중단했다. 동시에 중국 산업의 과잉생산 능력 수출은 미국과의 지정학적 경쟁을 촉발시켰다. 저자는 그 지정학적 경쟁의 결과로 인해 형성된 동학이 20세기 초 강대국들 사이의 제국 간 경쟁과 유사하다고 주장한다.

차
례

1장

서론: 지구적 갈등의 정치사회학

1990년대 초 소련의 붕괴와 냉전의 종말 이후, 정치인과 학자들은 미국이 유일한 초강대국이 되는 새로운 세계질서의 도래를 환호하며 맞이했다.[1] 2010년대가 되어 미국과 중국이 무역, 기술, 남중국해, 타이완을 비롯해 다른 많은 문제를 놓고 대결하는 국면이 늘어나자 '신냉전New Cold War'이라는 개념이 자리잡았다.[2] 세계 각국은 두 거인 중 한쪽을 선택하라는 압박에 점점 더 시달리고 있다. 미국과 중국의 '신냉전' 개념에 따르면, 세계에서 가장 큰 두 경제권 사이의 긴장 증대는 자유민주주의와 권위주의 사이의 갈등 혹은 자유시장 자본주의와 국가 자본주의 사이의 갈등이라는 이데올로기 및 정치 체제의 균열에서 비롯된 것이다.[3]

일각에서는 트럼프 행정부의 무모함을 미국과 중국 사이의 갈등을 고조시키는 원인으로 지목하고 있다. 그러나 진지한 분석이라면 어느 것이든 이 경쟁관계가 특정한 정부 때문이라기보다는 트럼프 정부보다 앞서서 형성되었고 바이든 행정부까지 이어지고 있다는 사실을 지적한다.[4] 이 두 나라 사이의 경쟁관계는 2010년대 초반에 처음으로 분명해졌다. 2012년 워싱턴 당국은 미국과 동맹국들이 남중국해를 공해公海로 간주하는 상태를 유지하기 위해 이 해역에서 미 해군의 주둔을 늘리는 '아시아로의 회귀Pivot to Asia' 정책에 착수했다. 이는 이 지역에 대한 중국의 주권 주장과 점점 더 공격적으로 군사력을 증강시키는 것에 대한 반응이었다. 오바마 정부는 환태평양 경제동반자협정TPP 협상에도 속도를 냈다. 이 자유무역협정은 중국을 배제했다. 그 배제의 의도는 만약 중국이 이 협정에 가입하려 한다면 현재 국유 기업이 지배하고 있는 경제 체제를 변화시키고 약속한 대로 시장을 개방하도록 압박하려는 것이며, 미국과 다른 외국 기업들에 대한 중국의 부당한 대우를 방지하려는 것이다. 2014년 중국이 아시아의 개발도상국들에 대출을 제공하는 다자간 금융 기관으로 아시아 인프라 투자은행AIIB을 출범시켰을 때, 미국은 이를 국제통화기금IMF과 세계은행World Bank을 통한 개발 금융 헤게모니에 대한 직접적인 도전으로 여겼다. 미국은 AIIB에 대한 보이콧을 택했고 동맹국들의 보이콧 동참을 요구했지만 별 소용이 없었다.

많은 사람이 미국과 중국 사이의 경쟁관계를 양국의 정치-경제

모델 간의 적대적 차이로 설명하려 한다. 그러나 이 설명의 가장 큰 문제는 이러한 차이점들이 최근에 나타난 적이 없다는 것이다. 1989년 톈안먼 사건과 1990년대 중국 공산당의 권위주의적 통치가 공고해진 이후 중국이 당분간 자유민주주의 체제가 되지 않을 것은 분명해졌다. 1990년대에서 2000년대에 걸쳐 중국의 권위주의 체제는 약화되는 것이 아니라 공고해진 게 분명했다. 일각에서는 후진타오 시기(2002~2012)부터 중국의 새로운 외교 공세, 국유 기업의 지배력 회복, 시민사회에 대한 공격이 늘어나기 시작했다고 보기도 한다.[5] 그러나 이러한 이념적·정치적 차이는 1990년대와 2000년대에 미국과 중국이 경제적 통합과 지정학적 협력을 추구하는 데 방해가 되지 않았다. 두 나라 사이의 공생은 매우 강력해서 니얼 퍼거슨은 중국과 미국의 결합으로 형성된 유례없이 통합된 경제를 묘사하기 위해 '차이메리카Chimerica'라는 신조어를 만들어냈다.[6]

이와 마찬가지로 미국과 중국이 세계의 공동 지도국으로서 'G2'를 구성했다는 시각도 있다.[7] 정보기관 관료 및 트럼프의 중국 고문 마이클 필스버리와 같은 워싱턴의 오래된 중국 정책 관계자들은 미중 갈등이 불가피하다고 주장한다. 그들이 보기에 베이징 당국은 언제나 미국을 적으로 여겨왔으며, 1949년 이후로 중국의 장기적 목표는 미국의 세계 지도력을 무너뜨리고 자국의 세계 지배를 확립하는 것이기 때문이다.[8] 이것이 사실일 수도 있지만, 이 해석은 중국이 2010년대까지 워싱턴 당국이 그 목표를 알아차리지 못했을 정도로 의도를 잘 숨긴 이유를 설명할 수 없다. 주목할 점은 이러한 견해를 옹호하는 많은 이가 일찍이 워싱턴에서 미국과 중국의 공생을 지지하는 목소리를 주도했던 이들이라는 것이다.

따라서 1990년대와 2000년대의 미국과 중국의 공생관계가 2010년대 들어 갑자기 경쟁관계로 변한 이유를 설명해야만 한다. 양국의 정치경제 체제는 근본적이고 질적인 변화를 겪지 않았기 때문이다. 이 점에서 그레이엄 앨리슨의 투키디데스의 함정 테제는 실마리를 제공하는 듯 보인다.[9] 앨리슨은 고대 그리스의 스파르타와 아테네 간의 전쟁을 바탕으로 기존 강대국과 새로 떠오르는 강대국 사이의 갈등이 피할 수 없는 궤적이라고 판단한다. 기존 강대국은 늘 현재 상황을 어떻게든 지켜내려 하고 새 도전자를 꺾어버리려 하기 때문이다. 앨리슨은 20세기 초반 영국과 독일 사이의 갈등 및 러시아와 일본 사이의 갈등을 선례로 보고 오늘날의 미중 관계가 동일한 갈등의 운명을 향하고 있다고 단언한다. 이러한 관점에서 볼 때, 중국의 힘이 약하고 미국의 하위 파트너가 되는 것에 만족하는 한 미중 관계는 조화를 유지했다. 그러나 중국이 일정 수준의 역량과 자신감을 갖추자 더 큰 야심을 내비쳤고 미국은 중국을 도전자로 여기기 시작했다. 두 나라 사이의 조화는 갈등으로 변했다. 미중 경쟁의 본질에 대한 이러한 개념은 두 나라 사이의 관계를 '강대국 간 경쟁Great Power Competition'으로 치닫고 있다고 특징짓는 많은 저술에 영향을 끼쳤다.[10]

그레이엄 앨리슨의 설명은 깔끔하고 설득력 있어 보인다. 그러나 국민국가 간의 경쟁이라는 한정적인 렌즈로만 미중 관계를 해석하는 것은 두 나라가 활동해온 수많은 국제기구가 양국 간의 긴장을 완화하거나 악화시키는 데 어떤 역할을 하는지에 관해 질문을 던지게 만든다. 최근 새로운 연구 문헌들은 글로벌 통치 기구들의 복잡성을 도입해 강대국 간 경쟁에 대한 견해를 보완함으로써 이 차이를 메우고 있다. 이 연구 작업들은 WTO, AIIB, BRICS(브라질, 러시아, 인도, 중국, 남아프리카공화국)와 같은 글로벌 조직들의 정치적 맥락 속에 미중 경쟁을 놓고 분석한다.[11] 이 연구들은 미중 경쟁에 관한 질문을, 중국의 부상이 제2차 세계대전 이후 미국 주도하에 구축된 자유주의 규범과 국제질서를 전복시킬 것인지, 아니면 기존처럼 글로벌 다자주의의 원칙에 따라 이를 지속시킬 것인지의 문제로 해석한다.[12]

두 개별 국가 간의 경쟁에 초점을 맞추든 혹은 미국과 중국이 글로벌 통치 기구의 규범과 질서를 어떻게 형성하고 재구성하는지에 집중하든 간에 이 연구들은 지정학만 다루고 미국과 중국 사이의 경제적 연결이 양국 관계 변화에 어떤 영향을 미치는지는 다루지 않는다. 이 연구들은 국가가 권력, 세계 지배 혹은 글로벌 거버넌스를 추구하는 자율적 행위자라고 가정한다. 이러한 가설은 '국가의 복귀Bringing the State Back In' 학파가 국가 자율성이라는 베버주의적 개념을 복원한 이후로 정치학과 정치사회학에서 통용되었다. 베버주의적 관점에서 볼 때, 자율성을 가진 외교 정책 엘리트들의 국익에 대한 정의와 엘리트 네트워크 속에서 내생적으로 발전된 정책 지향성은 국제정치를 분석하는 토대를 이룬다. 외교 정책 엘리트는 군사 및 정보 분야 외교 관료, 싱크탱크의 학자들, 외교 정책에 관심을 갖는 선출직 관료로 구성된다.[13] 이는 국제무대에서의 국가 행위가 '위신 감정'과 세계에서의 '권력 지위' 추구에 의해 추동된다는 베버의 가정에 따른 것이다.[14] 이 관점은 국가의 외교 정책을 초국적 기업의 경제적 요구의 단순한 반영으로 보는 마르크스주의적 관점에 대한 대응이다.[15]

국가주의적 관점과 경제학적 관점을 넘어, 국가 간 경쟁과 기업 조직 간의 경쟁 혹은 초국적 연결을 세계질서와 갈등의 형성에 있어 상호작용하는 두 개의 자율적 영역으로 보는 더 섬세한 국제정치 이론들이 있다.[16] 이러한 이론들의 통찰에 기반해 이 책에서 나는 국가 간 지정학적 경쟁과 기업 사이의 자본 간 관계를 연결시켜 1990년대와 2000년대 미국과 중국의 공생관계 및 2010년대 그 공생관계가 경쟁으로 변화한 원인들을 검토할 것이다. 그리고 지구정치경제의 거시적인 구조 변화를 배경으로 미국과 중국 사이의 기업 및 국가 간의 중간 수준 상호작용에 초점을 맞출 것이다.

2장에서는 신자유주의적 지구 제국을 건설해 경제위기와 헤게모니 위기에 대처하기 위한 1970년대 미국의 전략을 살펴본다. 그 시도는 성공했고 21세기 전환기에 미국은 수익성과 지구적 권력 면에서 부활하며 제국적 순간을 맞이했다. 이러한 성공은 많은 부분에서 중국의 신자유주의적 세계질서로의 통합 덕분에 가능했다. 이 통합은 예정된 것이 아니라 중국 국가와 미국의 정치 및 경제 엘리트 간의 계속된 상호작용 속에서 이뤄질 수 있었다. 미국의 외교 정책 엘리트들은 1990년대 초반 냉전 종식 이후 중국을 지정학적 경쟁자로 규정하기 시작했다. 그러나 중국 공산당과 미국 기업들 사이에 형성된 새로운 연합 속에서 미국 기업들은 베이징 당국을 대리하는 로비스트가 되어 중국에 대한 적대적인 정책을 추구하려는 미국의 지정학적 충동을 억제시켰다.

3장에서는 중국의 자본주의적 발전이 여타 지역의 자본주의적 발전과 마찬가지로 2008년 글로벌 금융위기의 여파로 악화된 과잉축적 위기에 빠졌는지를 살펴본다. 급속한 부채 증가와 산업의 과잉 생산 능력을 조장하는 이 과잉축적 위기로 인해 중국 공산당과 국유 기업들은 중국 시장에서 미국과 그 외 외국 기업들을 공격적으로 압박해 수익성을 회복하려 했다. 이러한 대립에 직면하자 우호적인 미중 관계를 보장하는 데 앞장섰던 미국 기업들은 중국에 대한 미국 외교 정책 엘리트들의 대립적 태도를 막는 것을 중단했다. 일부 영역에서는 미국 기업들이 중국 기업들과의 치열한 경쟁 속에서 미국 국가의 도움을 요청하기도 했다. 미국 기업들의 중국에 대한 이같은 성향 변화는 2010년경 이후 거의 모든 사안에 걸쳐 미국과 중국 국가 사이에 적대감이 고조되고 있음을 시사한다.

4장에서는 중국 시장에서의 미국과 중국의 자본 간 경쟁이 어떻게 세계 시장으로 확장되는지 살펴본다. 중국의 과잉축적으로 인해 중국 기업들은 해외, 특히 개발도상국들로 확장할 수밖에 없었고 미국 기업의 이익 및 지정학적 영향력과 제로섬 관계가 되었다. 세계 무대에서 이러한 자본 간 경쟁은 중국 국가로 하여금 아시아와 그 외 지역에서 그 세력권을 개척하도록 유도해 미국과 중국 사이의 지정학적 경쟁을 심화시켰다.

세계 1위와 2위 경제 대국으로서 둘을 합칠 때 GDP에서는 세계 전체의 거의 40퍼센트, 국방비에서는 50퍼센트 이상을 차지하고 있는 미중 관계의 변화는 세계 정치에서 가장 중대한 변화이며, 21세기 미래의 세계질서 혹은 혼돈을 결정짓는다. 이 책은 변화하는 미중 관계를 설명하기 위한 시도이자 지구적인 정치 권력의 지형이 어디로 향할지에 대한 예측이다. 결론에서 나는 새로운 미중 경쟁을 20세기 초 강대국 사이의 제국 간 경쟁과 비교해 세계 갈등 혹은 세계 평화의 가능한 시나리오를 살펴볼 것이다.

2장

공생

1.

미국 주도의
신자유주의적 지구화

제2차 세계대전 직후 미국은 케인스주의적 시장 규제로 고임금, 고복지, 고소비 성장 모델을 추구하면서 선진 자본주의 세계를 주도했다.[1] 이러한 적극적인 정부와 노동계급 권력의 패러다임은 대부분의 선진 경제권에서 전후 장기간의 호황을 조성했다.[2] 그러나 1960년대 후반 스태그플레이션 위기가 도래하고 기업의 수익성이 하락하면서 호황은 끝났다. 이 위기는 어느 정도는 전쟁에서 완전히 회복된 유럽 및 일본 제조업체들과의 경쟁이 격화되면서, 또 부분적으로는 조직화된 노동의 힘으로 인한 장기적인 임금 상승에서 비롯되었다.[3]

자본주의의 수익성을 되살리기 위한 시도로 워싱턴 당국은

1980년대에 신자유주의 혁명을 일으켰다.[4] 1980년대 위기에 대한 신자유주의적 해법의 핵심은 노조 와해와 긴축통화 정책을 통해 조직화된 노동을 길들이는 것이었다. 선진국 노동자들이 해외의 저임금, 무노조 노동자들과 경쟁하도록 강제한 자유무역 정책은 더 높은 임금을 요구하는 노동의 힘을 억압하는 또 다른 핵심 요인이었다.[5] 이처럼 미국은 무역 상대국의 미국 투자 개방을 대가로 해외 제조 수출품에 자국의 시장을 개방함으로써 세계를 신자유주의적 지구화로 이끌었다. 그 결과 미국의 제조업체들은 저임금 국가로 대거 옮

〔그림 1〕 2016년 기준 상품 무역수지 흑자 10개국 및 적자 10개국(단위: 10억 달러)[6]

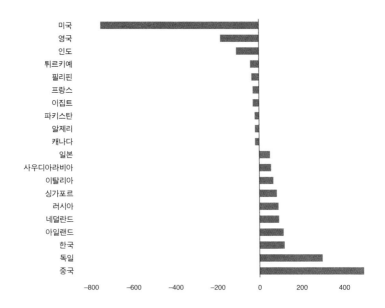

2장 공생

겨갔으며, 그곳에서 소비재를 제조해 미국으로 다시 역수출했다. 이러한 동학은 다른 선진 자본주의 경제에도 적용되어 지구화의 기반인 글로벌 공급망의 부상을 촉진했다.

1980년대 이후로 미국은 세계에서 가장 큰 무역적자를 기록하고 있는 반면, 다른 모든 주요 경제체(중국, 일본, 유럽의 여러 국가 등)는 [그림 1]에서 보듯이 다양한 정도로 흑자를 기록하고 있다.

신자유주의 세계 경제에서 미국은 항상 '최종 소비자the consumer of last resort' 역할을 하고 있다. 미국의 거대한 소비 시장은 다른 나라들을 세계 자유시장으로 끌어들이는 중요한 지렛대 역할을 한다.[7] 세계의 최종 소비자로서 미국의 역할은 역사적으로 투자와 수출보다 소비를 선호했던 특유의 정치경제에서 비롯되었다. 미국 정치경제의 독특한 특징은 대부분의 선진 자본주의 경제와는 달리 소비를 억제하고 저축, 투자 및 수출을 장려하는 부가가치세가 없다는 것이다.[8] 1945년 이후 세계 기축통화로서 미국 달러의 역할은 미국이 세계를 상대로 막대한 경상수지 적자를 기록하게 했고 또한 이를 필요로 하게 만들었다. 세계 경제에서 달러의 지배력을 유지하기 위해 미국은 자국 통화의 유출을 통해 세계에 충분한 유동성을 공급해야 한다. 이는 미국의 대규모 자본 수출과 대량의 무역적자를 통해 달성된다. 게다가 미국은 세계 기축통화로서의 달러의 지위를 고려하면 재정 및 경상수지 적자를 충당하기 위해 더 많은 화폐를 찍어낼 수 있는 세계 유일의 경제체다.[9]

1971년 닉슨이 달러의 금태환을 폐지한 후 달러의 지배력이 붕괴할 것이라는 예상에도 불구하고 미국의 달러는 여전히 전 세계적으로 국제 거래 및 외환보유고에서 헤게모니를 가진 통화로 자리잡고 있다. 유로는 달러에 이어 2위지만 그 차이는 크다. 금태환이 폐지된 이후 달러 헤게모니는 미국의 글로벌 안보 우산에 의존해 그 수명을 이어갔다. 이를 통해 워싱턴 당국은 군사적 보호에 의존하는 주요 자본주의 국가에 수출과 외환보유고를 달러로 표시하도록 압박할 수 있었다.[10]

다수의 개발도상국은 처음에는 신자유주의 지구화에 저항했다. 냉전 시기 내내 발전의 지배적 패러다임은 수입대체와 국가 주도의 산업화였다. 좌우를 막론하고 많은 권위주의 체제는 빈틈없이 국내 시장을 보호하고 외국 자본의 유입을 제한했다. 그리고 정치적인 연줄을 가진 독점적인 지역 기업에 가장 큰 경제적 포상을 해줬으며, 이 기업들은 종종 국가의 후한 보조금에 의존했다. 이러한 개발도상국들을 미국 주도의 지구화로 끌어들이기 위해 미국은 1980년대에 국제적인 부채 위기를 이용했다. 1980년대 초 미국의 연방준비제도이사회FRB가 노동조합들을 탄압하고 인플레이션을 억제하기 위해 긴축통화 정책을 실시하자 달러 금리는 20퍼센트 넘게 치솟았다. 미국 달러 금리의 이처럼 갑작스러운 급등은 1970년대 개발 및 소비 자금을 조달하기 위해 막대한 자금을 차입한 다수의 개발도상국과 소비에트 진영 국가들에게 큰 타격을 주었다. 이 국가들이 미국 달

2장 공생

러화 채무불이행 위기에 처하자 IMF와 세계은행이 개입해 이 나라들이 파산하지 않도록 긴급대출을 제공했다. 이는 사유화, 자본시장 자유화, 수출 촉진 등 채무국의 구조조정 개혁 추진에 대한 조건부 대출이었다. 이 같은 대출은 미국이 많은 개발도상국과 소비에트 진영 국가들을 세계 자유시장으로 끌어들이는 데 이용한 도구가 되었다.[11]

요컨대 1980년대에 시작된 미국 주도의 지구화 프로젝트는 선진 자본주의 국가들의 수익성 위기에 대한 구제책이었다. 1993년 클린턴이 냉전 이후 첫 미국 대통령이 되었을 때, 미국은 기존 사회주의 진영과 라틴아메리카라는 광활한 새로운 영역으로 자유무역을 확장할 기회를 누리게 되었으며, 막 체결된 북미자유무역협정NAFTA은 미국 중심의 자유무역 진영으로 향하는 첫걸음으로 여겨졌다.

당시 중국은 1989년 톈안먼 사건과 1991년 소련 붕괴에 이은 경제적 정체 상태 및 정치적 불확실성에 직면해 있었다. 1970년대부터 워싱턴과 베이징을 결속시킨 공동의 적이었던 소련이 해체되면서 미국은 중국 공산당과의 준동맹 관계를 재평가했고, 중국을 지구화의 궤도로 끌어들이는 데 급급해하지 않았다. 그 대신 클린턴 행정부의 외교 정책 엘리트들은 처음에 권위주의적 중국을 잠재적 경쟁자로 보았고 중국 정책에서 인권 개선을 우선시했다. '중국 위협론'이라는 외교 정책 담론이 워싱턴에 등장하기 시작하면서 중국은 소련 다음으로 미국이 맞서고 견제해야 할 주요 세력으로 여겨졌다.[12]

1990년대 중반 남중국해 및 동중국해에서 중국과 미국 동맹국들 간 갈등의 급증, 1996년 타이완해협 위기, 중국이 연루된 파키스탄의 핵 확산, 1999년 미국의 베오그라드 주재 중국대사관 폭격, 2001년 남중국해에서 미국 정찰기와 중국 전투기의 충돌 등은 모두 냉전 종식 이후 미국과 중국의 지정학적 긴장이 고조되고 있음을 나타내주는 사건이었다.

중국은 제3세계 채무 위기로 피해를 입지 않았던 터라 IMF와 세계은행이 구조조정 개혁을 택하도록 베이징 당국에 압력을 가할 유인이나 지렛대가 거의 없었다.[13] 1990년대 중국이 세계자유무역 질서에 편입한 것은 서구의 초대나 압박의 결과가 아니었다. 중국 공산당 지도자들은 스스로 나서서 1980년대에 시장 자유화를 채택하고 1990년대에 중국의 세계 자유무역 체제 편입을 모색했다. 베이징 당국은 심지어 미국 기업들을 동원해 미국의 대중국 정책을 초기의 인권 중심의 정치적 대립에서 경제적 관여로 향하게 했다. 중국은 자청해서 냉전 이후 세계 자유시장에 진입했다.

2.

세계 자유시장을 향한
중국의 여정

1980년대 중국의 시장 개혁은 주로 농업 부문의 탈집체화와 지방 정부가 운영하던 향진 기업 및 농촌 산업의 부상이 주도한 것이다. 향진 기업은 국내 시장을 위한 소비재를 생산하고자 농촌의 잉여 노동력을 고용했다. 한편 홍콩을 기반으로 한 제조업 자본 유입의 혜택을 받은 남부 지역의 도시들에서 수출 지향적인 산업이 성장하기 시작했다. 경제에서 수출이 차지하는 비중은 여전히 미미했다.[14] 톈안먼의 유혈 진압 이후 시장 개혁과 경제는 정체되었다. 1991년 소련 붕괴 이후 덩샤오핑은 1992년 남부 지방 순방에서 경제성장을 재개하기 위해 지속적이고 과감한 개혁을 촉구했다. 경제성장은 재개되었지만, 높은 인플레이션과 경기 과열이 뒤따랐다. 설상가

상으로 국유 은행들은 지방 정부와 국유 기업에 대출의 수문을 열었고, 이로 인해 부채 증가와 무역적자를 초래한 투자 붐에 불이 붙었다. 인플레이션이 20퍼센트를 넘어서자 외환보유고는 급격히 줄어들었다.

경제위기에 맞닥뜨리자 당시 경제 정책을 총괄하던 주룽지 부총리가 은행 대출을 옥죄기 시작했다. 그는 무역적자 악화와 외환보유고 감소에 대한 해결책으로 외국인 직접투자와 수출 중심의 경제로 방향을 바꾸려 했다. 이러한 방향 전환을 달성하기 위해 그는 1994년 1월 중국 인민폐의 30퍼센트 평가절하를 단행했고, 향진 기업에 대한 투자를 중단해 농촌의 잉여 노동력이 연해지역의 수출 지향 공장들로 향하게 만들었다.[15]

미국 시장은 1960년대 이후 동아시아의 수출 지향적 제조업에 있어 가장 큰 시장이었으며, 1980년대 내내 중국의 초기 수출 부문에 있어서도 가장 큰 시장이었다. 중국 경제를 수출 주도 성장으로 전환시키려는 베이징 당국의 시도가 성공하려면 미국 시장이 낮은 관세로 중국산 제품 수출에 개방되어 있어야 했다. 그러나 중국 경제가 수출 주도 성장으로 가는 중대한 기로에 놓여 있을 그 당시 1979년 미국과 중국의 공식 수교 이후 시행되어왔던 중국 제품에 대한 미국 시장의 개방은 제동이 걸려 있는 상황이었다. 1993년 빌 클린턴이 10년 만에 민주당 대통령으로 취임한 직후, 탈냉전 시기 새 정부의 외교 정책 엘리트들은 자유무역에 우호적이지 않은 노동조합뿐만 아니라 중국에 우호적이지 않은 인권 옹호자들의 지지를 바탕으로 중국 수입품에 대한 관세를 중국의 인권 개선과 연결시키려 했다.

이와 관련해 클린턴 정부가 시도한 특정 정책은 '관세 및 무역에 관한 일반협정GATT'의 국제무역 체제 속에서 최혜국MFN 지위와 중국의 인권 향상 문제를 연결시키는 것이었다. 제2차 세계대전 이후 국제무역은 GATT에 따라 규제되었으며, 1995년 세계무역기구WTO가 출범하면서 이를 대체했다. GATT 회원국이라면 다른 모든 GATT 회원국에게 MFN 지위를 부여해 회원국들의 수출품에 대해 동일한 최저 관세율을 적용해야 했다. 냉전 기간에 공산주의 국가는 대부분 GATT에서 제외되었으며, 미국 통상법은 미국 정부가 이들 국가에게 MFN 지위를 확대하는 것을 금지했다. 1974년 이후 미국 대통령은 공산주의 국가가 자국민을 비공산주의 국가로 자유롭게 이주할 수 있도록 허용할 경우 그 국가에 MFN 지위를 부여할 수 있었다. 백악관은 매년 MFN 지위를 갱신해야 했다. 대통령이 MFN 지위를 갱신할 때마다 의회는 60일 내에 그 갱신을 거부할 수 있었지만 대통령은 그 의회의 거부에 대해 또다시 거부권을 행사할 수 있었다. 대통령의 거부권을 무효화하려면 의회 상하원 각각 3분의 2 이상의 찬성이 있어야 했다.[16]

1979년 미국이 중국과 공식 외교관계를 수립하자 카터 행정부는 즉시 중국에 MFN 지위를 부여했다. 레이건과 조지 H. W. 부시 시대를 거치면서 백악관은 큰 논란 없이 매년 중국의 MFN 지위를 갱신했다. 1990년대 이전에는 미중 무역이 중요하지 않았으며, 미국이 중국의 MFN 지위를 갱신하는 것은 아시아에서 소련의 영향력을 견제하는 데 협력하는 대가로 중국의 경제적 요구를 수용하기 위한 지정학적 전략의 일부였다. 1980년대 후반에서 1990년대 초반에 미중 무역이 늘어나기 시작하자 미국 남부 주들의 섬유 및 기타 노동집약적 산업 부문과 미국의 노동조합들은 중국과의 자유무역에 반대하는 목소리를 내기 시작했다. 1989년 톈안먼 사건 이후 미국 의회에서는 연례적인 중국의 MFN 지위 갱신에 대한 이의 제기가 점차 늘어났다. 톈안먼 유혈 진압 이후 반反자유무역 운동가, 노동조합을 대표하는 민주당 의원, 인권운동가, 전통적인 반공 전사들은 중국의 MFN 지위 갱신을 끝내기 위해 한데 뭉쳤다. 조지 H. W. 부시는 대통령의 거부권을 행사해 갱신을 중단하려는 의회의 모든 시도를 무효화할 것임을 명확하게 밝혔다. 공화당이 상원을 장악하고 있는 상황에서 대통령의 거부권 행사가 반대에 부딪혀서는 안 됐지만 의회에서는 갱신 반대쪽으로 탄력을 받고 있었다. 1990년에서 1992년 사이 의회는 중국의 MFN 지위 갱신에 인권 관련 조건을 추가하려고 세 차례 시도했으며, 중국이 이러한 인권 조건을 충족시키지 못하면 MFN 지위가 종료될 것이라고 선언했다. 이러한 인권 연계 조건들은 상하원에서 두 번 통과되었지만 부시 대통령은 거부권을 행사했다.

닉슨과 키신저 이후 지정학적 이유로 중국과 안정적인 관계를 유지하는 데 전념해온 공화당이 백악관을 장악하고 있었기에 중국의 MFN 지위 갱신에 대한 민주당의 반대는 소용없는 일이었다. 하지만 1992년 대통령 선거에서 민주당의 승리가 예상되자 상황은 바뀌었다. 선거 기간에 자유무역과 중국의 MFN 지위가 후보자들 사이에서 논쟁의 초점이 되었다. 재선을 위해 출마한 공화당의 조지 H. W. 부시는 기존 정부의 자유무역 정책을 지속하겠다고 공약했는데, 여기에는 NAFTA의 출범과 무조건적인 중국의 MFN 지위 갱신이 포함됐다. 사업가인 로스 페로는 NAFTA와 중국의 MFN 지위 갱신에 반대하는 반자유무역 공약을 내세우며 무소속으로 출마했고, 민주당의 빌 클린턴은 중도의 입장에서 자유무역에 약간 반대하는 공약을 내세웠다. 클린턴은 선거운동 기간에 NAFTA에 노동 및 환경 관련 조항을 추가하기로 약속했으며, 무조건적인 중국의 MFN 지위 갱신을 중단하고 엄격한 인권 관련 조건에 따라 갱신 여부를 결정하겠다고 공약했다.

중국의 MFN 지위 갱신과 인권 문제를 연계시키는 클린턴의 입장은 1989년 톈안먼 사건 진압 이후 외교 기관의 인권 이상주의자들 때문이라고 할 수도 있다. 그러나 그 입장은 무엇보다 민주당의 대선 승리에 필수적인 지지자들이었던 노동조합의 경제적 우려에 대한 대응이었다. 미국의 노조들은 중국의 무노조, 저임금 노동과 경쟁이 심화되는 것을 우려해왔다. 따라서 중국의 MFN 지위와 인권 조건을 연계시키겠다는 공약은 미국과 중국 간 무역 자유화에 대한 보호주의적 반대 입장을 살짝 감추고 있는 것이었다.

클린턴 행정부 출범 첫해, 외교 정책 담당 부서는 인권 증진이라는 의제로 기울어 있는 이상주의자로 가득했다. 여기에는 크리스토퍼 워런 국무장관, 매들린 올브라이트 UN 주재 미국 대사, 윈스턴 로드 미 국무부 동아시아태평양 담당 차관보(1989년 톈안먼 사건 당시 주중 미국 대사) 등이 포함된다.[17] 소비에트 진영 국가들의 민주적인 변화는 외교 정책 기관의 인권 이상주의자들을 고무시켰다. 게다가 레이건과 부시 행정부 시절 중국의 MFN 지위를 취소시키려는 의회의 시도를 후원해온 노동조합들은 새로운 민주당 정부에서 힘을 얻었다고 느꼈다. 따라서 1993년 5월 18일 클린턴은 중국의 MFN 지위가 더 이상 자동으로 갱신되지 않을 것이라고 발표했다. 대신 MFN 지위 갱신은 인권과 관련된 일곱 분야에서 중국의 진전 상황에 대한 대통령의 검토 결과와 연계될 것이었다. 이 분야에는 재소자 강제노동, 정치범 석방, 종교의 자유, 티베트의 자치 등 가장 논쟁적인 이슈들이 포함되었다. 일곱 분야 중 두 분야에서 중국이 상황 개선에 실패하면 MFN 지위는 종료되는 것이었다.

중국의 MFN 지위의 연례적인 무조건 갱신이 종료되면서 중국의 비즈니스 환경과 관련된 미국 기업들의 불확실성은 크게 늘어났다. 중국이 향후 몇 년 안에 MFN 지위를 잃으면 관세 수준이 급격히 올라갈 수 있었다. MFN 지위 갱신이 안 된다면 이미 중국에 진출해 있는 미국 기업에 대해 중국이 보복할지 여부도 미지수였고, 만약 보복한다면 어떤 방식으로 할지도 불확실했다. 연례 검토의 실제 결과와 상관없이 MFN 지위를 인권 조건과 연계시키는 것은 미중 무역의 성장과 미국 기업 공급망의 중국 내 확장에 효과적으로 제동을 걸었다. 수출 주도형 성장으로 전환하려는 중국의 시도는 큰 걸림돌에 부딪혔다.

3.

초국적 기업, 월가, 클린턴의 대중국 정책

클린턴이 조건부 MFN 지위 갱신 조치를 취하자 중국과의 무역에서 인권 문제를 분리시키려는 미국 기업들은 적극적인 로비활동을 펼쳤다. 그 기업들은 MFN 지위의 지속적인 갱신을 확보하기 위해 오랜 기간 공화당 대통령의 거부권에 의존해왔지만 1993년에서 1994년 사이에는 민주당에 로비하기 위해 결집하기 시작했다.[18] 얼핏 보기에 미국 기업들이 인권 연계 조치에 반대해 로비를 벌인 것은 이미 이 기업들이 중국에서 사업을 벌이고 있어 이 같은 정책 변화로 타격을 받기 때문이거나 미중 무역 자유화가 더 진전되어 발생할 미래의 이익을 기대했기 때문인 듯하다.

하지만 이러한 로비활동의 특이점은 미국상공회의소나 전미제조업협회와 같은 조직들이 주도한 여느 많은 비즈니스 로비 사례와는 달리, 중국의 경우 로비활동의 최전선에 선 것은 개별적인 초국적 기업들이었다는 것이다.[19] 3장에서 논의하겠지만 더 특이한 점은 가장 활동적인 로비 기업 중 다수가 중국에서 존재감이 없었다는 것이다. 따라서 이 사업들의 성격은 반드시 미중 무역의 자유화로 인한 막대한 이익으로 이어지는 것이 아니었다. 더욱이 미중 자유무역을 통해 상당한 이득을 본 일부 기업이 1993년에서 1994년 사이 로비활동에 불참한 것은 눈에 띌 정도였다. 그 당시 많은 미국 기업은 지구화 과정에서 중국이 중심을 차지하게 되리라는 점을 예측하지 못했다. 클린턴 행정부 출범 첫해 미국 기업과 재계 단체들의 로비활동 초점은 NAFTA 통과를 보장하는 것이었다.[20] 당시 지구화의 열렬한 지지자들은 NAFTA를 미국의 자유무역 블록으로 향해 가는 첫걸음으로 여겼다. 반면에 여전히 공산주의 통치하에 있는 중국을 지구화의 새로운 개척지로 보는 사람은 거의 없었다.

당시 MFN 지위 갱신과 인권 문제 조건을 분리시키기 위한 로비활동에서 어떤 기업들이 더 적극적이었는지 그 상대적인 수준을 파악하려면 1993년과 1994년의 의회 기록의 연계 해제 논의에서 개별 기업이 언급된 횟수를 세어보면 된다. 일반적으로 MFN 논의와 관련해 개별 기업이 언급된 것은 기업이 서명한 청원서가 의회 기록에 포함되어 있거나 특정 의원이 특정 기업의 이익을 대변해 발언할 때다. 기업이 언급된 횟수는 이 기업들의 로비활동 참여 정도와 대략 비슷하다고 할 수 있다. 이 결과를 검증하기 위해 같은 기간에 중국의 MFN 갱신을 지지한다고 언론에 나온 개별 기업의 언급 건수를 기록했는데, 처음에는 3대 주요 신문(뉴욕타임스, 워싱턴포스트, 월스트리트저널)을 살펴봤고 그 이후에는 모든 신문사에 나온 건수를 조사했다. 이 각각의 조사 결과는 상당히 일치했다. 모든 순위에서 보잉은 중국의 MFN 갱신에 가장 적극적인 로비를 벌였고 AT&T가 그 뒤를 바짝 이었다.

[표 1]에서 볼 수 있듯이, 미중 무역의 실제적 및 잠재적 관계 측

〔표 1〕 1993~1994년 MFN 논의 관련 의회 기록 및 뉴스 보도에 언급된 횟수에 따른 기업 순위[21]

순위	기업명	의회 기록	3대 신문사*	모든 신문사	의회 기록 및 모든 신문사	기업 유형**
1	보잉	115	43	317	432	3
2	AT&T	77	39	138	215	3
3	GM	101	20	53	154	2
4	맥도널 더글러스	70	15	64	134	3
5	IBM	93	5	34	127	3
6	크라이슬러	67	12	49	116	2
7	GE	73	13	43	116	3
8	나이키	32	15	59	91	1
9	시어스	67	5	24	91	1
10	포드	46	13	39	85	2
11	모토롤라	40	9	38	78	3

12	웨스팅하우스	47	4	24	71	3
13	코카콜라	28	8	36	64	2
14	휴스	27	9	36	63	3
15	록히드	55	2	5	60	3
16	엑슨모빌	56	1	3	59	3
17	코닥	50	2	8	58	2
18	미국 농민 연맹 AFBF	54	0	3	57	1
19	펩시	37	2	15	52	2
20	인텔	43	0	6	49	2

＊3대 신문사: 뉴욕타임스, 워싱턴포스트, 월스트리트저널
＊＊기업 유형
(1) 이미 중국 무역에 있어 기득권을 가지고 있고 자유화의 혜택을 확실히 받을 수 있는 기업
(2) 아직 중국과 사업 관계를 많이 맺지는 못했지만 향후 미중 무역 자유화의 혜택을 합리적으로 기대할 수 있는 기업
(3) 사업의 성격상 미국 시장에서 중국 수출품에 대한 낮은 관세로 직접적인 이득을 보기가 불확실한 기업

면에서 모든 기업을 세 유형으로 분류할 수 있다. 첫째, 이미 중국 무역에 있어 기득권을 가지고 있고 자유화의 혜택을 확실히 받을 수 있는 기업, 둘째, 아직 중국과 사업 관계를 많이 맺지는 못했지만 향후 미중 무역 자유화의 혜택을 합리적으로 기대할 수 있는 기업, 셋째, 사업의 성격상 미국 시장에서 중국 수출품에 대한 낮은 관세로 직접적인 이득을 보기가 불확실한 기업이다.

디트로이트의 자동차 회사들처럼 아직 중국과 이해관계는 없지만 미중 무역 자유화의 혜택을 기대할 수 있는 많은 기업은 중국이

수출의 큰 시장이 될 가능성 때문에 상당히 적극적이었다. 이미 미중 무역에 의존하고 있던 기업들, 특히 일찍부터 중국 제조업체에 아웃소싱한 신발 및 의류 소매업체들은 로비활동에 가장 적극적인 그룹에 속하지 않았다. 가장 이해가 가지 않는 부분은 AT&T 같은 통신 회사, 휴스 일렉트로닉스 같은 인공위성 제조 회사, 엑슨모빌 같은 에너지 회사 등 중국 무역과 아무 관련이 없고 미국 시장에서 중국 수출품에 대한 낮은 관세로 확실히 직접적인 이익을 얻을 수 없는 기업들이 로비활동에서 가장 적극적인 그룹에 속했다는 것이다. 보잉 및 기타 항공기 제조업체도 이 범주에 속한다. 미국의 대중국 항공기 수출은 정규 무역 통로를 거치지 않고 주문별로 미국 및 중국 당국의 승인을 요하기 때문이다. 미국 당국의 항공기 수출 규제는 국가 안보에 중요하다고 간주되는 무기 및 기타 민감한 기술의 수출에 대한 규제와 유사하다. 따라서 항공기 판매는 종종 미중 정부 간의 양자 협상과 관련된다. 예를 들어 보잉이 중국에 처음 항공기를 판매한 것은 미국과 중국 사이에 공식적인 무역관계가 없었던 1972년 여름이었다. 그 판매는 그해 초 닉슨의 중국 방문으로 인한 직접적인 결과였다.[22]

중국 무역과 직접적인 관련이 없는 기업들은 백악관과 의원들에게 청원서를 보냈으며, 이미 직원들을 동원해 지역구의 상원 및 하원의원들에게 전화를 걸거나 개별 서한을 보내게 했다. 이 기업들 중 다수는 의원 후보나 대통령 후보에게 영향력을 가진 선거운동

자금 기부자였다. 이를테면 AT&T는 1992년 선거 기간에 200만 달러 이상을 기부했으며, 단체 기부자 중 가장 큰 기업 기부자였다.[23] 또 다른 사례로 휴스 일렉트로닉스는 1992년 클린턴의 대선 선거운동 당시 적극적인 기부자였다. 1993년 말, 휴스 일렉트로닉스의 CEO는 클린턴에게 두 통의 직설적인 편지를 보냈는데, 선거운동에 대한 재정적 지원을 상기시키고 MFN 문제 외에도 중국에 대한 특정 제재를 재고할 것을 요청하는 내용이었다.[24]

민주당의 핵심 구성원인 노동계는 로비활동에 반대했다. 그 영향력으로 인해 클린턴은 처음부터 인권 조건을 중국의 MFN 지위와 연계하겠다는 공약을 내걸었다. 중국의 MFN 갱신을 반대하는 연합을 이룬 또 다른 세력은 남부 지역의 섬유 산업으로, 이들은 저가의 중국산 수입품으로 인해 경쟁력이 떨어지는 것을 원치 않았다.[25] 인권운동가와 망명 중인 중국 반체제 인사들도 그 연합 세력의 일원이었다.[26]

1994년 초반, 노동조합과 기업의 이익 사이에서 갈팡질팡하던 클린턴 행정부는 중국이 1993년에 설정된 인권 조건을 충족시키지 못했음에도 불구하고 중국의 MFN 지위 갱신에 대해 심의했다. 이와 동시에 백악관에 신설된 국가경제위원회NEC의 힘이 커지면서 정부의 의사결정 과정에서 월가의 목소리가 상당히 커졌다. 국가경제위원회는 1993년 1월 25일 대통령 행정 명령에 의해 설립되었으며, 1997년 클린턴은 "우리 행정부가 백악관에서 이룬 가장 중요한 조직 혁신"이라고 언급했다.[27] 월가의 베테랑 은행가이자 골드만삭스의 공동 회장인 로버트 루빈이 국가경제위원회 초대 의장이었다. 국가경제위원회는 국내외 경제 정책과 관련한 의사결정 과정을 중앙집중화하고 그 결정 사항의 이행을 감독하는 역할을 했다. 이는 냉전 초기에 외교 정책 결정을 중앙집중화하기 위해 1947년에 창설된 국가안전보장회의[NSC]를 모델로 했다. 국가경제위원회는 많은 위원을 강력한 힘을 가진 국가안전보장회의와 겸직시켜서 국무부로부터 대외 경제 관계와 관련된 정책의 통제권을 장악했다.[28]

루빈이 국가경제위원회 수장으로 있으면서 금융 부문의 시각과 이해관계가 행정부를 지배했다. 클린턴 행정부 시기 대통령 경제자문위원회 위원(1993~1995)과 위원장(1995~1997)을 지낸 조지프 스티글리츠는 경제 정책 결정 과정에서 서로 다른 집단의 이해관계를 균형 있게 조정하려는 의견은 무시된 반면, "금융이 최고의 권력을 차지"했고 채권과 주식시장의 움직임이 주요 정책 지침이 되었다고 지적했다.[29] 데이비드 램프턴은 클린턴 시기에 관료들과의 폭넓은 인터뷰를 바탕으로 다음과 같이 말했다. "대통령과 경제자문위원들은 금융시장의 움직임에 유독 민감했다. (…) 1994년 상반기에 (…) 금융시장은 미중 관계의 악화 전망에 부정적으로 반응하고 있었다."[30]

백악관에서 월가의 견해가 우위를 차지하면서 중국의 권위주의 체제를 약화시키기 위해 무역 정책을 지렛대로 활용하려는 외교 정책 엘리트들 대신 대중국 무역을 확대하려는 연합 세력을 구축한 기업의 목소리가 강력해졌다. 1994년 봄, 국가경제위원회, 국무부, 하원의 민주당 지도부들은 중국의 MFN 지위를 놓고 공개적으로 논쟁을 벌였다. 그해 1월 루빈 국가경제위원회 위원장은 『워싱턴포스트』에 무조건적인 갱신을 지지한다는 입장을 밝혔으며, 중국에 항구적인 MFN 지위를 부여할 것을 제안했다. 이에 대해 국무부의 고위 관료들은 루빈의 발언이 "중국의 인권 상황을 개선하기 위해 지속적으로 일관된 압력을 가하려는 행정부의 노력을 약화시킬 수 있다"고 주장하며 백악관에 항의했다.[31] 하원에서 미중 실무그룹 의장을 맡았던 낸시 펠로시 역시 "하원에서 중국과 티베트의 인권 개선을 위해 중국의 MFN 지위를 조건화하는 것에 대한 지지가 확고하다고 분명히 말할 수 있다"고 강조하면서 무조건적인 갱신 제안을 비판했다.[32]

결국 기업과 월가의 힘이 우세했다. 1994년 5월 26일 클린턴은 중국의 인권 개선을 고려하지 않고 중국의 MFN 지위를 갱신할 것이라고 발표했다. 이는 중국의 인권 조건을 연례 갱신 과정에 연계시키겠다는 자신의 1993년 정책을 뒤집은 것이었다. 하원의원 다수가 클린턴의 결정을 번복시키려 노력했다. 1994년 6월 8일 보수적인 공화당의 제럴드 솔로몬 의원은 클린턴의 결정에도 불구하고 중국의 MFN 지위를 취소하는 결의안을 제출했다.[33] 솔로몬의 결의안은 그의 확고한 반공주의적 입장에서 나온 것이었지만 좌파 성향의 일부

의원도 그 결의안을 지지했다. 결의안에 대한 좌파 지지자 중 한 명이 바로 당시 버몬트주 하원의원이었던 버니 샌더스였다. 그는 "자국의 노동자들을 무자비하게 착취할 수 있는 국가의 MFN 지위에 대해 이야기하는 것은 정신 나간 짓이다. (…) 미국 노동자들은 중국 노동자들과 경쟁할 수 없으며 그 경쟁을 요구해서도 안 된다"고 말했다.[34] 그 결의안은 결국 하원에서 75대 356이라는 큰 차이로 부결되었다.

솔로몬의 결의안 외에도 하원의 민주당 주류 의원 그룹은 클린턴 행정부와 의견을 달리하며 6월 16일에 중국의 MFN 지위에 추가조건을 단 법안을 발의했다.[35] 이 그룹에는 인권 옹호자인 낸시 펠로시와 미시간주 출신으로 노동조합을 대변하는 민주당 하원 전前 원내총무였던 데이비드 보니어 등이 있었다. 이 법안은 중국의 MFN 혜택이 민간 기업에만 적용되어야 하며 군사 관련 기업이나 국유 기업은 포함하지 말아야 한다고 규정했다. 민주당의 최고위층 일부가 이 법안을 지지하자 중국의 MFN 갱신을 지지하는 기업들이 전부 행동에 나섰다. 307개의 기업과 재계 단체는 이 법안에 반대하고 클린턴의 무조건 갱신을 지지하는 서한에 서명해 의회에 제출했다.[36] 이 법안은 하원에서 158대 270으로 부결되었다.

4.

위싱턴에서 베이징의
보이지 않는 손

클린턴의 대중국 무역 정책 역전은 노동조합, 인권 옹호자, 인권 개선을 목표로 했던 외교 정책 엘리트, 미국의 노동집약적 산업체의 연합에 대한 비즈니스 연합의 승리라고 할 수 있다. 앞서 살펴봤듯이 통신 및 석유 회사 등과 같이 중국의 MFN 갱신을 주도했던 기업들은 미중 무역 자유화의 직접적인 혜택과 관련이 없었다. 또한 이 로비활동은 다른 많은 기업의 로비활동에서처럼 재계 단체의 조정을 거치지 않고 개별 기업이 나섰다는 점도 흥미로운 지점이다. 중국과의 무역에서 인권 문제를 분리하는 데 찬성하는 많은 기업을 효과적인 연합으로 이끈 가장 중요한 하나의 힘은 중국 국가 그 자체였다. 중국 국가는 이러한 기업들을 대리 로비스트로 적극적으로 모집하고 조정했다.

인권 조건을 중국의 MFN 지위 갱신과 연계시키기로 한 클린턴의 결정은 중국에게는 최악의 시기에 이뤄졌다. 바로 그 시기에 중국 정부는 1992~1994년의 경제위기에 대응해 중국 경제를 수출 지향 성장으로 전환하기로 결정했기 때문이다. 따라서 중국 정부의 최우선 과제는 자국의 수출 산업의 최대 시장인 미국이 낮은 관세로 개방될 수 있도록 하는 것이었다. 연계 조치 해제에 관한 토론이 이어지는 동안 민주당 의원들은 미 의회에서 중국대사관이 고용한 로비 회사가 활동을 늘렸다는 사실에 주목했다.[37] 그러나 중국 정부의 이 같은 직접적인 로비 노력은 효과가 없었고 여론의 반발을 불러올 수도 있었다.[38]

중국 정부가 워싱턴의 세력균형을 연계 조치 해제에 유리하게 만들려고 했던 가장 중요한 수단은 미국의 주요 기업들을 끌어들이는 것이었다. 1990년 초, 주미 중국대사관의 경제고문인 황원쥔은 주요 미국 기업에 모두 서신을 보내 "미국 정부, 의회 및 언론 매체에 귀사가 미치는 영향력을 보여주고 양국의 이익 손실 방지를 위해 중국의 MFN 지위를 유지시키기 위한 활동을 해달라"고 요청했다.[39] 이와 마찬가지로 『로스앤젤레스타임스』의 한 경제 전문 기자는 "중국 지도자들이 미국 기업들에 미국 정부에 로비를 하도록 밀어붙이고 있으며, 미국 기업은 상당히 협력할 준비가 되어 있는 것으로 보인다. 일부 기업은 베이징에 있는 미 상공회의소에서 크리스토퍼 워

런 국무장관의 인권에 대한 강조를 비판하는 강연을 했다"고 썼다.[40]

　미국 쪽 자료로는 1993~1994년에 중국이 백악관과 의회에 로비하도록 미국 기업들을 끌어들이고자 어떤 제안을 했는지 단서를 찾기가 힘들다. 하지만 몇몇 보고서를 보면 중국 관료들이 어떻게 강압적 수단으로 지시해 미국 기업이 중국을 대신해 워싱턴에 로비하도록 요구했는지 알 수 있다. 예를 들어 중국 관료들은 보잉이 중국에 유리한 정책을 위해 로비하려는 노력을 보여주지 못한다면, 중국 국영 항공사들이 항공기 주문을 중단할 것이라고 경고한 바 있다. 보잉의 국제 전략 담당자는 그렇게 하지 않았다면 회사가 "끝장났을 것"이라고 인정했다.[41] 보잉은 중국으로부터 받은 압박을 솔직하게 밝힌 예외적인 사례다. 대부분의 기업은 비슷한 압력에 직면했더라도 권위주의적인 외국 정부와의 유착 혐의를 쉽게 받을 수 있기 때문에 자신의 행동에 대한 중국의 영향력을 인정하기를 꺼렸다.

　반면 중국 관영 매체들은 MFN 지위 갱신과 관련해 미국 기업들의 지원을 받기 위한 중국 정부의 노력을 보도하는 데 주저함이 없었다. 『런민일보』에 따르면 중국을 방문하기 위해 초청된 미국 기업 대표단 수는 1993년과 1994년에 정점을 찍었다.[42] 이 방문 여행에서 다수의 미국 기업 임원들은 중국 정부와 대규모 주문 및 계약을 포함하는 양해각서MOU를 체결했다. 중국 당국은 이러한 거래를 이미국 손님들이 1994년 중국의 MFN 지위 갱신을 위해 로비해달라는 것과 명시적으로 연결시키곤 했다. 미국의 이 같은 중국 방문단 외에도 중국 관료들은 미국을 순방하며 MFN 지위 갱신과 관련해 지원해준 데 대한 보답으로 해당 기업 본사를 찾아 계약이나 양해각서를 체결했다. 이런 사례를 살펴보면 기존에 중국에 진출하지 않고 미중 무역과 직접적인 관련이 거의 없던 미국 기업들이 왜 공격적으로 로비에 나섰는지를 알 수 있다. 인권 연계 조치 해제를 위한 로비에 가장 적극적으로 나섰던 기업 중에는 중국 정부가 제공하는 개별 우대 정책의 혜택을 받는 곳이 많았다. 이 기업들이 1993~1994년 중국으로부터 얻어낸 거래 내용은 [표 2]에 정리되어 있다.

이미 중국 공장에 아웃소싱을 시작했던 소매업체들처럼 미중 무역에 이해관계를 지닌 기업들은 자신의 이익 때문에 MFN 갱신을 위해 로비를 벌였다. 중국 정부는 이 기업들에게는 도움을 요청하기 위해 추가적인 우대 정책을 제공하지 않은 것으로 보인다. 미중 무역에 대한 직접적인 이해관계는 거의 없지만 워싱턴 당국에 큰 영향력을 미치는 기업들에게 중국 정부는 여러 혜택이 주어지는 거래를 제안했고 중국 관료들은 이 거래가 기업의 로비 노력에 대한 보상이라고 거리낌 없이 말했다.

의회에서 논쟁이 벌어지는 동안 인권 연계 해제 조치를 지지하는 일부 의원은 중국의 MFN 지위 취소가 중국이 개별 기업들에 제공했던 유리한 계약을 위태롭게 할 것이라고 인정했다. 예를 들어 한 공화당 상원의원은 중국의 MFN 지위의 무조건적인 갱신이 이뤄지

기업	우대 정책 내용
AT&T	회사 임원들이 중국의 MFN 지위의 무조건적 갱신에 대한 지지를 표명하고 1993년 봄 베이징을 방문해 중국과의 포괄적인 장기 협력을 약속하는 MOU 체결.[43]
보잉	중국이 보잉에 4조 6000억 달러의 항공기 주문.[44]
엑슨모빌	1994년 4월 저우자화 중국 부총리가 미국 텍사스주 엑슨모빌 본사를 방문해 중국의 MFN 지위 갱신 지지에 감사의 뜻을 표하고 중국 해상 가스 및 유전 관련 협약 체결.[45]
휴스	중국의 저비용 위성 발사에 대한 접근 허가 및 7억 5000만 달러의 위성 및 장비 계약.[46]
농업 기업들	1993년 5월 중국 농업부 관료들이 워싱턴을 방문해 미국밀재배자협회를 통해 10개 주에서 대규모 밀 구매 협상을 진행.[47]
GE	저우자화 부총리가 중국의 에너지 및 기타 부문에 대해 GE의 진출을 허용하겠다고 약속.[48]
IBM	저우자화 부총리가 IBM 본사를 방문해 중국 대외경제무역합작부(현 상무부)와 기술 협력에 관한 MOU 체결.[49]
맥도널 더글러스	1994년 4월 말 저우자화 중국 부총리가 캘리포니아의 맥도널 더글러스 공장을 방문해 중국의 MFN 지위 갱신에 대한 지지에 감사를 표하고 계약을 체결.[50]
여러 자동차 기업	중국이 디트로이트의 자동차 제조업체들로부터 1억 6000만 달러의 차량 구매.[51]
모토롤라	장쩌민 주석이 중국의 통신 인프라 시설에 대한 더 많은 진출을 허용하겠다고 약속.[52]

지 않으면 무효화될 사업 계약의 긴 목록을 제시하면서 인권 연계 조치 해제에 관한 자신의 지지를 정당화했다. 그 목록들은 다음과 같다.

모토롤라의 1단계 통신 설비 건설 계약 1억2000만 달러, 빅3 자동차 회사에 대한 주문 1억6000만 달러, 루이지애나주, 텍사스주, 워싱턴주 회사들에 대한 석유 채굴 장비 주문 2억 달러, 휴스에 대한 인공위성 장비 주문 8억 달러, AT&T의 통신 장비 및 기타 설비 전환 1조 달러, 아르코ARCO의 중국 남부 해안 천연가스 개발 프로젝트 1조2000억 달러, 보잉의 향후 수년간 항공기 주문 및 구매 4조6000억 달러 등.[53]

AT&T는 아주 명확한 사례라고 할 수 있다. 이 기업은 1992년 미국 대선과 총선에서 민주당과 공화당 후보들에게 가장 많이 기부한 단체 중에서도 단연코 두드러졌다. 당시 통신 회사는 미중 무역에 직접적인 이해관계가 없었지만, 중국은 1993년 AT&T에 중국 통신 시장에 대한 진출 허용을 약속했다. 1979년 중국이 미국과 정식으로 수교했을 때 중국 정부는 중국의 통신망을 현대화하기 위해 AT&T를 초청했지만 회사는 이 제안을 거절했다. 1980년대 전반에 걸쳐 중국은 통신 인프라를 발전시키기 위해 일본 및 유럽 기업에 눈을 돌렸고, 1990년대 초에는 중국이 통신 시장을 개방할 것이라는 전망이 우세했다. 이미 중국에 진출해 있던 외국 통신업체들은 이러한 시장 개방에 유리한 고지를 점한 반면, AT&T는 뒤처져 있었다. AT&T는 이후 중국에 거점을 마련하기 위해 안간힘을 썼다.[54]

1993년 봄, AT&T 임원들은 중국의 MFN 지위의 무조건적 갱신에 대한 지지를 표명하기 위해 중국을 방문했다. 방문 기간에 그들은 5억 달러의 계약을 확보했고 중국 국가계획위원회와 MOU를 체결했다. 이 MOU에는 기술 이전, 공동 연구 개발, 중국 인력 교육, 장비 판매, 네트워크 서비스 제공 및 관리 등 AT&T 차이나와 중국 간 10개 분야의 협력 내용이 담겨 있었다.[55] AT&T 차이나는 1993년 중반에 설립되었고, 1994년 5월 AT&T는 향후 2년 안에 중국에 1억5000만 달러의 투자를 명시하는 추가 계약에 서명했다. 당시 AT&T 차이나의 CEO였던 윌리엄 워릭은 1994년 "중국에서 앞으로 수십억 달러의 사업을 함께하면서 AT&T는 중국에서, 중국과 함께, 중국을 위해 최선을 다하겠습니다"라고 썼다.[56]

이렇게 AT&T는 중국의 MFN 지위의 무조건 갱신을 위한 로비 노력을 주도했다. 그러나 1994년 인권 연계 조치 해제 결정 이후 AT&T 차이나의 상황은 나빠졌다. AT&T 차이나는 중국 정부로부터 많은 규제를 받았고, 재정적 지원을 받은 중국의 국유 통신 대기업들에게 밀려났다. 중국에서 AT&T의 성공은 1993~1994년 중국과의 MOU에서 그림을 그렸던 당초 기대에 훨씬 못 미쳤다. 오늘날 중국 통신 시장에서 AT&T의 존재감은 미미하다.[57] 나는 다음 장에서 이 사례를 다시 다룰 것이다.

중국과의 무역 자유화에서 가장 큰 이득을 얻은 기업 중 일부는 1993~1994년 로비활동에 참여하지 않았다는 것이 눈에 띈다. 애플과 월마트가 그 두 가지 사례다. 애플은 이미 1994년『포춘』선정

500대 기업 순위에서 67위에 올랐고, 전국적인 거대 소매업체로 부상하고 있었다. 그러나 기업들의 중국의 MFN 지위 갱신을 위한 로비활동에서 애플은 찾아볼 수 없었다. 애플은 1994년 8월 의회 토론의 최종 국면에서 제출된 인권 연계 조치 해제를 지지하는 기업 서한의 307개 서명 기업 목록에도 포함되지 않았다. 그리고 베이징 당국이 구애하는 기업들 속에도 없었다.

1990년대 초에 그런 회사들은 중국으로 생산을 이전하는 것을 꺼리고 있었다. 당시 최고의 컴퓨터 제조업체인 애플은 캘리포니아와 콜로라도에 제조 시설을 적극적으로 확장하고 있었다. 애플은 불만족스러운 제품 출시로 심각한 차질을 빚은 후 1997~1998년에 이르러 스티브 잡스를 사장으로, 팀 쿡을 생산운영관리 부사장으로 영입하고 나서 비용 절감 및 수익 회복 전략으로 조립라인을 중국으로 이전하기 시작했다.[58] 애플은 1993~1994년에는 미중 무역 자유화를 추진하는 데 적극적이지 않았다. 애플은 미중 무역 자유화가 실현되고 시간이 지난 이후에 수익성 위기를 겪고 있을 때 자유화의 혜택을 받았다는 점에서 기회주의적이었다. 켄터키주에 본사를 둔 더비 호저리와 같은 월마트의 주요 의류 공급 업체들에서도 비슷한 사례를 찾을 수 있다. 이 기업들은 1990년대에는 중국으로의 이전을 자제하다가 2000년대 초 미중 자유무역이 본격화된 후에야 중국으로 이전했다.[59]

요약하자면, 클린턴 행정부의 첫해에 워싱턴의 외교 정책 엘리트들은 중국의 인권 개선을 위한 수단으로 무역을 우선시했다. 중국 공산당과 국가는 가장 강력한 미국 기업 중 일부를 자신들의 '대리 로비스트'가 되도록 동원해 미국 정책을 흔들었고, 민주당 정부가 정치적 자유화보다 중국과의 자유무역을 우선시하도록 만들었다.[60] 사후 정당화로 클린턴 행정부는 중국과의 자유무역이 중국의 민간 기업과 중산층에 힘을 실어줄 수 있고, 이는 결국 정치적 자유화의 추진으로 이어진다는 '건설적 관여' 이론을 내세웠다. 어쨌든 중국은 자신의 권위주의적 일당 통치에 손상을 입지 않고 미국 주도의 세계 자유무역 질서에 성공적으로 스스로를 초대했다.

중국의 MFN 지위와 인권 문제 연계 조치를 해제시킨 것은 미중 무역 자유화의 중요한 전환점이었다. 세계 최대 소비국으로서 미국의 세계 자유무역 수용과 세계 최대 수출국으로서 중국의 세계 무역 체제로의 통합은 1990년대 중반 이후 지속적으로 성장해왔다. 클린턴이 중국의 MFN 지위를 무조건 승인해 기존 정책을 번복함으로써 2000년에 행정부가 중국에 항구적 정상무역관계PNTR 지위를 부여할 수 있는 길이 열렸다(1998년 '최혜국 대우MFN, Most Favored Nation'라는 용어는 '정상무역관계NTR, Normal Trade Relation'로 대체되었다). 이로 인해 2001년 중국의 WTO 가입에 있어 마지막 주요 걸림돌이 사라졌다. 2000년에 미국과 중국 간의 항구적 정상무역관계 논쟁이 의회에서 벌어졌을 때, 수년 동안 이어진 미중 무역 자유화로 인해 기업 부문에서는 이미 중국과의 무역 속에서 자생적인 기득권자들이 생겨났으며, 이들은 자발적으로 무역 자유화를 위한 추가 로비활동을 벌였다.[61] 그 결과 생겨난 미국과 중국의 경제 공생 및 미국의 기업 이익은 여전히 중국을 주요 지정학적 경쟁자로 전망하는 워싱턴의 외교 군사 기관의 경향을 제어하는 역할을 했다.

중국의 WTO 가입은 2000년대 중국의 호황과 미국의 금융 번영이 절정을 이루는 데 크게 기여했다. 중국은 저임금 체제와 편향된 소득 분배로 인해 소비하는 것보다 더 많이 생산하는 것을 지속시켰으며, 그 생산 능력을 흡수할 수 있는 세계 시장에 크게 의존했다. 미국은 중국에 있어 가장 중요한 단일 수출 시장이었으며, 최근에야 유럽연합이 미국을 앞질렀다. 중국의 수출 지향 산업의 급속한 확장으로 인해 중국은 전체 아시아 수출국 중 대미국 최대 수출국이 되었다.[62]

수출 부문 외에도 국유 부문이 주로 수행하는 인프라 시설과 주택 건설 등 중국의 고정 자산 투자는 중국 호황의 또 다른 동력이 되었다. 그러나 중국 경제에서 고정 자산 투자의 대부분은 은행 대출을 통해 조달되었다. 은행 시스템에서 유동성의 대부분은 '불태화 不胎化' 과정에서 발생한다. 이 불태화는 수출업체들이 벌어들인 외화 수입을 국유 은행에 넘겨주고 그 대가로 중국의 중앙은행인 런민 은행이 발행한 같은 액수의 인민폐로 돌려받는 과정에서 이뤄진다. 즉, 중국의 투자를 부채질한 신용 확대는 주로 중국의 무역 흑자와 수출 부문에서 비롯된 것이라고 할 수 있다. 따라서 중국의 경제 호

황에서 투자와 수출의 쌍발 엔진은 결국 수출의 단발 엔진이라 할 수 있다.[63]

전 세계에 걸쳐 중국 수출은 대부분 압도적인 비율로 달러화로 결제된다. 지속적인 무역 흑자로 인해 중국 중앙은행은 외환보유고를 늘리고자 점점 더 많은 달러를 긁어모을 수 있었다. 중국은 일본과 아시아의 네 마리 호랑이(한국, 타이완, 홍콩, 싱가포르)의 뒤를 이어서, 그리고 그보다 더 큰 규모로 외환보유고를 가장 안전하고 유동성이 풍부한 달러 표시 자산인 미국 국채에 투자했다. 이 투자로 인해 미국은 늘어나는 재정 적자에 자금을 조달하는 데 도움을 받았다. 중국의 미 재무부 채권 보유량은 2001년 이후 외환보유고 증가와 더불어 늘어났다. 중국은 2008년 세계 최대의 미국 국채 보유국이 되었고, 2008년 글로벌 금융위기 이후 10년 동안 중국의 미국 국채 보유량은 두 배로 늘었다.[64]

중국을 세계 자유무역 체제에 통합하려는 워싱턴 당국의 정책과 미국의 소비 시장으로 인해 중국은 수출이 주도하는 경제적 우위를 차지하게 되었다. 중국의 저가 수출품들은 미국의 소비 붐이 불타오르는 데 연료가 되었고, 중국은 벌어들인 달러로 미국 국채를 다시 구입해 환류시킴으로써 미국의 늘어나는 재정 적자에 자금을 조달했다. 이로 인해 미국 금리는 낮게 유지될 수 있었고 미국 경제의 금융화와 금융 주도의 변영을 부채질했다. 니얼 퍼거슨은 중국이 1993~1994년의 중대한 고비에 추구하고 성공적으로 확보한 이 경제적 공생관계를 마치 미국과 중국 두 나라가 하나의 경제로 통합된 것처럼 '차이메리카' 체제라고 규정했다.[65]

클린턴 행정부 말기에 이르러 냉전 이후의 세계질서는 소련의 붕괴로 만들어진 진공 상태 속에서 (예를 들어 코소보 전쟁과 같이) 여러 지역에서 빈번하게 지정학적 위기가 발생하고 있었고, (1994년 멕시코의 페소화 위기에서 1997~1998년의 아시아 금융위기에 이르기까지) 규제받지 않는 세계 자유시장의 금융위기들에 직면하는 등 많은 어려움을 겪고 있다는 것이 명백해졌다. 지정학적 위기로 인해 미국은 분쟁지역에 군사적 개입을 늘려야 했고, 금융위기로 인해 피해를 입은 나라와 은행을 구제하기 위해 미국 주도의 금융 개입이 요구됐다. 이는 모두 미국에 계속 늘어나는 재정 부담을 안겨줬다.

미국의 해외 군사 개입은 2000년대 이라크와 아프가니스탄에서 전쟁을 벌이며 증가했다. 2008년 글로벌 금융위기를 정점으로 점점 더 강도가 심해지고 파급력이 광범위해지는 금융위기들 속에서 구제 금융 운용도 늘어났다. 이러한 개입들로 인해 미국은 점점 더 비용이 많이 드는 지구 제국의 길로 나아가게 되었다.[66] 차이메리카 체제 속에서 중국의 저가 제품 수출과 미국 국채에 대한 투자는 그 어느 때보다 더 미국 제국 건설의 중요한 경제적, 재정적 토대가 되었다. 2000년대 미국이 중앙아시아와 중동에 전념하던 시기에도 중국은 북핵 위기 등 아시아 지역의 지정학적 위기를 억제하는 데 미국을 도왔다. 차이메리카의 전성기에 중국은 미국의 지구 제국에 없어서는 안 될 조력자가 되었다.

3장

자
본
간
경
쟁

1.

당-국가 자본주의 대
미국 기업들

　　1990년대 중국의 자유시장 개혁은 자본 축적의 법칙이 현재 대부분의 경제활동을 추동한다는 면에서 중국을 자본주의 경제로 전환시켰다. 그러나 중국의 경제 체제는 미국이 구상했던 자본주의로 수렴되지 않았다. 중국이 세계 시장에 편입된 지 30년이 지난 지금, 국가는 국유 기업SOE의 형태로 경제 전반을 통제하고 있다. 사유재산권이 완전히 확립되지 않아 국가가 모든 토지 자산의 최종 소유자이며, 민간 자본가는 토지 사용에 대한 일시적 권리 이상을 가질 수 없다.[1]

　　중국의 수출 호황은 국내외 중소 민간 기업이 중국의 수출 부문에서 우위를 차지하면서 중국 내 민간 영역의 부상을 가져왔다. 그러나 베이징 당국은 금융, 통신, 에너지, 철강, 자동차 등 주요 분야에서 국유 기업의 지배력을 포기하지 않았다. 다수의 거대 국유 기업이 미국 기업을 모델로 구조조정되어 직원들에게 주택과 의료 서비스를 제공하는 것과 같은 거의 모든 사회적 기능을 없앴지만, 대부분의 대형 국유 기업은 여전히 직접적인 국가 소유나 "정치적인 이유로 국가가 다수의 지분을 소유한" 공기업의 형태로 지방 정부나 중앙 정부의 통제를 받았다.[2] 『포춘』 글로벌 500대 기업 리스트에서 중국 기업의 수는 2000년 10개에서 2020년 124개로 늘어났다. 2020년 리스트의 124개 중국 기업 중 91개가 국유 기업이다.[3] 핵심 부문에서 국유 기업의 지배력은 [표 3]에 잘 나타나 있다.

[표 3] 2018년 중국의 주요 부문에서의 국유 기업, 민간 기업, 외국 기업의 총자산[4]

부문	총계 (1000억 위안)	국유 기업 (1000억 위안)	민간 기업 (1000억 위안)	외국 기업 (1000억 위안)
국가 총계	1134.4	439.9	239.3	224.4
석탄 광업	55.1	41.8	4.8	1.4
원유 및 천연가스 채굴업	19.3	18.5	0.02	0.8
철 광업	9.9	6.6	1.9	0.2
농산품 가공업	30.8	1.9	12.1	6.0
담배 제조업	10.9	10.8	0.03	0.02
섬유 제조업	21.8	1.2	10.0	4.2
석유 가공, 코킹 및 핵연료 가공업	31.5	15.3	6.7	3.1
화학 물질 및 화학제품 제조업	74.9	21.9	17.9	15.9

비금속 광물제품 제조업	48.5	9.0	18.7	5.9
철강 제조업	61.1	32.3	13.0	5.7
비철금속 제조업	40.3	15.5	7.6	5.3
자동차 제조업	79.2	36.6	11.3	30.4
철도 장비, 선박, 항공기 및 기타 운송 장비 제조업	16.4	7.5	3.6	3.3
전자 기기 및 장비 제조업	69.0	9.2	19.1	14.0
컴퓨터 및 통신, 기타 전자 부품 제조업	101.6	17.5	15.0	46.5
전기 및 열 생산 공급업	147.5	128.1	5.6	7.7

화웨이와 알리바바 같은 다수의 명목상 민간 대기업들이 기업의 당 위원회와 당내 권력을 가진 파벌과의 연줄을 통해 중국 공산당과 밀접하게 연결되어 있다는 점은 주목을 요한다. 중국의 국가 자본주의는 경제에서 중국 공산당의 힘이 국유 기업을 훨씬 넘어선다는 면에서 여느 국가 자본주의와는 다르다. 따라서 일부 연구자는 중국의 정치경제를 독특한 '당-국가 자본주의'로 개념화한다.[5]

국가 부문의 지속적인 지배는 상당 부분 중국 경제의 역동성과 수익성의 원천인 수출 부문의 번창에 기반해 이뤄지고 있다. (미국의 첨단 기술 회사의 하청 업체인 타이완의 폭스콘 같은) 외국 기업이든 (해외로 통신 기기를 수출하는 화웨이나 샤오미 같은) 국내 기업이든 수출 기업들은 국가로부터 수출 공제, 세급 환급 등 다양한 보조금을 지원받아 수출에 탄력을 받았다.[6] 중국 중앙은행은 장기간 위안화를 달러에 고정시켜 수출의 증가만큼 빠른 속도로 위안화 가치가 평가절상되는 것을 막았다. 이 조치가 수출 부문에 있어 강력한 보조금의 한 형태인지 여부는 열띤 논쟁의 주제로, 이 책 3장 3절에서 이 내용을 다시 다룰 것이다.

수출 부문이 창출해낸 외환보유고로 국유 은행이 신용을 확대할 수 있는 토대가 마련되었고, 그 대부분은 정치적으로 연줄이 있는 국유 기업이나 금융 기관으로 대출되어 전혀 수익을 내지 못하는 투자와 성장을 뒷받침했다.[7] [그림 2]와 [그림 3]은 국유 기업과 민간 기업의 부채 및 수익성을 비교한 것이다. 이를 보면 국유 기업이 훨씬 더 많은 부채를 지고 있는 반면, 수익성은 훨씬 더 낮다는 것을 알 수 있다. 중국의 국유 부문은 중국 공산당의 여러 파벌의 봉건 영지가 되었다.[8] 1990년대와 2000년대 중국 호황의 시기에 정치 엘리트 가문들은 서로 국유 부문을 분할해 가지고 있었고, 이는 이들 간의 세력균형을 만들어내 당-국가의 '집단지도 체제'를 안정화시켰다.

2008년 글로벌 금융위기 시기에 중국의 수출 주도형 호황이 주춤하자 중국 정부는 부채 기반의 고정 자산 투자로 강력한 경제 회복을 성공시킬 수 있는 공격적인 경기부양책을 실행해 그에 대응하려 했다. 2009~2010년의 회복 기간에 수출 엔진이 약화되고 국유 은행이 자금을 조달한 국유 부문의 무분별한 투자 확대로 인해 거대한 부채 거품이 만들어졌으며, 중국의 외환보유고는 더 이상 그 거품을 따라잡지 못했다. 2008년과 2017년 말 사이에 중국의 미상

〔그림 2〕 국유 기업 및 민간 기업의 부채 비율(%)[10]

〔그림 3〕 국유 기업 및 민간 기업의 자산 대비 수익률(%)[11]

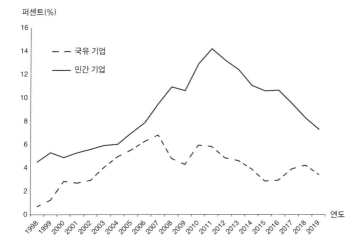

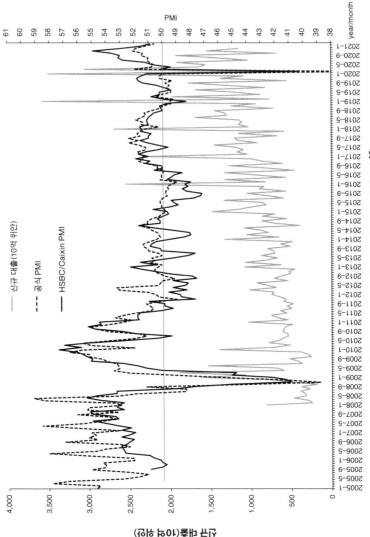

PMI

year/month

신규 대출(10억 위안)

공식 PMI

HSBC/Caixin PMI

신규 대출(10억 위안)

[그림 4] 2005~2021년 제조업 PMI와 월간 신규 대출[12]

환 부채는 GDP의 148퍼센트에서 250퍼센트 이상으로 치솟았다. 2020년 코로나19 팬데믹 시기에는 대출이 급증하면서 그 비율이 330퍼센트 이상으로 올라갔다.[9]

부채로 이뤄진 경기 회복의 결과로 만들어진 과다한 생산 능력과 불필요한 인프라 시설은 수익성이 없었다. [그림 2]는 경기부양책의 시행 이후 국유 부문의 부채가 급증했음을 보여주는 반면, [그림 3]은 2010년경 이후 민간 부문과 국유 부문 모두에서 자산 대비 수익률이 지속적으로 하락했음을 보여준다. 경기 침체와 더불어 외환 보유고의 확대 없이 지방 정부의 부채 형태로 이뤄진 유동성 급증은 자본 이탈 압력을 발생시켰다. 그 결과 2015~2016년에 주식시장 붕괴와 인민폐의 급격한 평가절하가 일어났으며, 2016년에 자본 통제를 강화하고 나서야 경제가 안정되었다.[13] 은행 시스템은 경제가 더 이상 둔화되는 것을 막기 위해 여러 차례 신규 대출을 투입했다. 이처럼 규모가 더 큰 반복적인 대출이 급증하면서 부채는 더 늘어났다. 중국 경제의 교착 상태는 제조업 활동의 선행 지표인 제조업 구매관리자지수[PMI]에서 볼 수 있듯이 제조업 확대의 침체로 설명할 수 있다([그림 4] 참조). 2009~2010년 경제 회복세가 흐지부지된 이후, PMI는 정체선인 50 언저리를 맴돌았다. 신규 대출 통계를 PMI와 비교해보면 대출을 통한 부양 정책의 효과가 감소하고 있다는 것을 알 수 있다. 2009~2010년 위기 이후 경제의 소규모 반등을 위해 더 많은 대출이 투입되고 있다. 중국의 정치경제는 부채 중독에 빠졌다.

성장 둔화와 부채 악화로 인해 당-국가 엘리트들은 민간 부문과 외국 기업에 대한 압박의 속도를 높였으며, 고속 성장의 종식으로 당-국가의 정당성이 위협받자 당-국가 엘리트들 간의 갈등도 깊어졌다. 이런 상황에서 2012년 당-국가의 최고 지도자가 된 시진핑은 '집단지도 체제'라는 협치의 방식에서 전제적 통치 방식으로 전환하며 의사결정 권한의 집중을 위한 일련의 시책을 실시하기 시작했다.[14] 이로 인해 2000년대 초반부터 중국 공산당 통치의 장기적인 제도적 중앙집중화가 가속화되었다.[15] 이 권력의 중앙집중화 과정은 시진핑이 1982년 헌법에 명시된 5년 임기의 연임으로만 제한된 국가주석의 임기 제한을 폐지하는 데 성공하면서 극에 달했고, 2018년 3월 시진핑은 사실상 종신 권력자가 되었다. 2008년 글로벌 금융위기 이전 후진타오 체제에서 시작된 중국 경제의 국가주의적 전환은 위기 이후 시진핑 시대에 이르러 더 강화되었다.[16]

시진핑 체제에서 중국의 국가주의적 전환이 가속화되면서 미국의 외교 정책 엘리트들의 중국관은 더 완고해졌다.[17] 2008년 글로벌 금융위기의 여파로 미국의 최종적인 쇠퇴가 왔다고 베이징 당국이 판단하면서 중국은 광범위한 지정학적 문제에서 더 대담하게 대립적인 입장을 채택했다.[18] 미국이 중동의 전쟁에서 빠져나오기 시작한 2010년대에 워싱턴 당국은 오바마의 '아시아로의 회귀' 정책에 따라 지정학적 경쟁자로서 중국을 견제하는 데 관심을 기울이기 시작했다. 더 중요한 사실은 중국 경제의 국가주의적 전환이 가속화되면서 중국에서 미국 기업의 이익이 피해를 입었다는 것이다. 이러한 변화는 미국의 대중국 정책을 더 대립적인 방향으로 전환하는 데 큰 영향을 미쳤다.

앞 장에서 우리는 중국이 어떻게 미국 기업들에게 자신의 광대한 시장에 대한 접근을 약속해 중국의 대리 로비스트가 되게 하고 미국의 대중국 정책을 유리한 방향으로 영향을 미치게끔 유인했는지 살펴봤다. 이 기업들은 인권 문제보다 중국과의 무조건적인 자유무역을 추구하는 것을 우선시하는 클린턴의 관여 정책의 열렬한 옹호자가 되었다. 또한 미국 기업들은 특정 지정학적 사건이 확대되지 않게 하는 핵심 억제력이 되었고, 1996년 타이완 미사일 위기, 1999년 미국의 베오그라드 주재 중국대사관 폭격, 2001년 남중국해 상공에서 미국 정찰기와 중국 전투기 간의 출동 등과 같은 위기에 대해 신속하고 유화적인 해결이 가능하도록 도왔다. 저명한 기업 CEO들은 종종 미국과 중국 지도자들 사이에서 메신저 역할을 하며 양국 간에 비공식 외교관이 되었다.[19] 강력한 미국 기업들은 차이메리카 체제의 접착제, 안정제이자 동력원이었다.

특히 애플, 월마트, GM과 같은 많은 기업에게 중국에서의 매출 확대가 성장의 핵심 동력이 되면서 이러한 노력들은 결실을 맺었다. 그러나 1990년대 초 중국이 미국 시장에 저관세로 접근할 수 있도록 특별한 노력을 기울인 기업들이 이후 중국 시장에서 모두 행복했던 것은 아니다. 이를테면 AT&T는 앞 장에서 살펴봤듯이 1993~1994년 중국의 MFN 지위와 인권 조건 연계 조치를 해제하려는 캠페인에서 선두에 섰던 기업이다. 당시 AT&T는 그 대가로 통신 시장이 개방될 것으로 기대하면서 중국 정부와 체결한 MOU에 열광했다. 연계 조치가 해제되고 통신 시장을 개방하겠다는 초기 신호에도 불구하고 베이징 당국은 차이나 텔레콤과 같은 국내 거대 기업을 보호하려는 태도가 확고해졌다. 중국 당국은 1998년에는 외국계 통신사가 국내 지역 통신사의 지분을 매입하기 위해 법의 허점을 이용하는 것을 방지하고자 규제를 강화했다.[20] 2000년까지 AT&T의 중국 내 서비스 제공 업체로서의 사업은 상하이에 국한된 합작 법인의 지분 25퍼센트로 제한되었다.[21] 중국에서 AT&T의 이토록 미미한 존재감은 1993~1994년에 예상했던 것과는 거리가 멀었다.

AT&T만 그랬던 것이 아니다. 1993~1994년의 인권 연계 조치 해제에 있어 클린턴 행정부에 로비하는 데 중추적인 역할을 했던 휴스도 처음에는 유럽이나 미국 로켓의 절반 가격으로 상업용 위성을 지구 궤도에 쏘아 올려주겠다는 중국 정부의 제안으로 이익을 봤다.[22] 1995년 중국 로켓이 발사 중에 폭발해 휴스의 위성도 파괴되었다. 중국의 발사 업체는 보상을 거부하고 휴스가 향후 발사 신뢰도를 높일 수 있는 기술 데이터를 넘겨줄 것을 요구했다. 휴스는 이에 응해 데이터를 공유했다. 그러나 관련 기술과 데이터의 이전은 미국 정부가 국가 안보 차원에서 제재 조치를 취했다. 이 기술과 데이터는 중국의 탄도 미사일 프로그램에 도움이 될 것이며, 중국이 파키스탄과 이란의 미사일 프로그램에 지원을 강화할 수 있다는 의혹을 받았다. 이후 미국 정부는 휴스를 비롯한 관련 미국 기업들에 대한 조사에 착수했다. 2003년에 휴스 및 기타 관련 회사들은 조사 결과에 따라 미국 정부에 3200만 달러를 지불했다.[23]

　　1990년대와 2000년대 미국 기업들이 중국에서 겪었던 난관의 사례들은 일반적이라기보다는 예외적인 일이었다. 중국 진출에 앞다퉈 나섰던 기업들은 대부분 엄청난 이득을 거뒀다. 그러나 AT&T와 휴스가 직면했던 문제들, 즉 약속했던 것과는 달리 제한적인 시장 접근 및 기술 이전에 대한 압력 등은 이후 많은 미국 기업이 중국에서 맞닥뜨려야 할 일의 전조였다. 2009~2010년 글로벌 금융위기로부터의 경제 반등 이후, 미국 기업들이 종종 정부 규제 기관의 지원을 받고 국유 은행으로부터 저금리의 대출 형태로 보조금을 받는 중국 경쟁 업체에 의해 압박을 받고 있다는 보고가 늘어났다. 중국 정부는 미국 기업들에게 중국의 합작 투자 회사에 기술을 이전하도록 미묘하게 또는 노골적으로 압력을 가했고, 이 회사들은 유사한 제품이나 서비스를 훨씬 더 낮은 가격에 판매함으로써 미국 기업들의 경쟁 업체가 되었다.[24] 2008년 시행된 반反독점법과 2016년 통과된 사이버 보안법은 외국 기업에게 점점 더 불리하게 적용되었고, 중국에서 미국 기업의 시장 접근, 지식재산권, 민감한 고객 데이터를

위태롭게 만들고 있다.[25]

　중국 주재 미국상공회의소는 미국 기업의 비즈니스 환경을 측정하기 위해 회원 기업들을 대상으로 매년 설문 조사를 실시한다. 2010년 이후 중국에서 점점 더 환영받지 못한다고 느끼는 미국 기업이 늘어났다. 2018년에는 20퍼센트만이 "전보다 더 환영받는다"고 대답했다. 미국 기업들이 중국에서 당면한 사안 가운데 중국 당국의 부당한 대우가 지속되는 문제로 지적됐다. 미국 기업이 중국의 경쟁 업체에 비해 부당한 대우를 받는다고 느끼는 부분 중 가장 자주 언급되는 영역은 시장 접근 및 정부 규제 시행이다.[26] 2018년 조사에서 중국 주재 미국 기업의 50퍼센트가 불충분한 지식재산권 보호가 중국에 대한 투자를 제한한다는 우려를 표명한 반면, 그러한 우려가 전혀 영향을 미치지 않는다고 답한 기업은 전체의 20~30퍼센트였다.[27]

　비즈니스 환경이 악화되는 가운데 사업을 확대하지 않거나 확대하더라도 전년 대비 10퍼센트 미만으로 확대하기로 결정한 미국 기업의 비율은 2009년 58퍼센트에서 2019년 73퍼센트로 증가했다. 이에 반해 전년 대비 20퍼센트 이상 사업을 확대한 미국 기업의 비율은 같은 기간 33퍼센트에서 13퍼센트로 줄어들었다. 중국 이외의 지역으로 이전하거나 혹은 이전을 검토했던 미국 기업의 비율은 설문 조사에서 처음으로 해당 문항을 물었던 2013년 11퍼센트에서 2016년 25퍼센트로 급증했고, 이후 20퍼센트 안팎에 머물고 있

다.[28]

1990년대 미중 경제 통합을 신속하고 심도 있게 이끌어내는 데 중요한 역할을 했던 로비 단체인 미중 기업협의회The US-China Business Council는 중국에 대해 동일한 불만을 드러낸 회원 기업을 대상으로 한 설문 조사를 바탕으로 2017년 보고서를 발간했다. 조사 대상 기업 중 48퍼센트는 기업 환경이 3년 전보다 낙관적이지 않다고 답했으며, 57퍼센트는 중국 당국이 비즈니스 환경의 개혁 및 개선 약속을 지키지 않는다며 불만을 드러냈다. 기업들은 중국 정부의 국내 기업 편향에 대해 불만을 표명했고(91퍼센트), 중국의 지식재산권 보호에 대한 우려를 나타냈으며(94퍼센트), 19퍼센트는 중국 기업에 기술을 이전하라는 요구를 직접 받은 적이 있다고 대답했다.[29]

미국 기업들의 중국에 대한 열기가 위축된 것은 미국 대기업들 사이에서 중국 노출이 전반적으로 줄어든 것에 반영된다. 나는『포춘』선정 500대 기업 중 상위 10개가 미국 증권거래위원회에 제출한 10-K 연차보고서에서 '중국'이 언급된 횟수를 사용해 이 기업들이 판매나 투자를 통해 중국에서 노출되었음을 나타내는 데이터베이스를 구축했다.

[그림 5]에서 볼 수 있듯이 상위 10개 기업의 대중국 노출은 초기에 빠르게 늘어나다가 2014년 무렵부터 급격히 감소했다. 가령 GM의 보고서에서 중국에 대한 언급은 2000~2004년까지는 한 자릿수에 머물렀다. 2005년에는 두 자릿수로 증가했고 이후 언급 횟

〔그림 5〕2000~2019년 『포춘』 선정 500대 기업 중 미국 기업 상위 10개 및 상위 30개의 10-K 연차보고서에서 중국에 대한 언급 횟수[30]

수는 60~70회로 2014년까지 꾸준히 증가하다가 멈춰 섰다. 상위 10위권 기업에서도 중국 노출이 거의 없는 기업 수가 확연히 늘어나서 중국 노출이 많은 기업들을 상쇄하고 있다. 유나이티드헬스 그룹이나 CVS헬스 같은 건강관리 및 의료보험 관련 기업들이 이런 사례에 포함된다. 이 두 경향이 결합되어 상위 10개 기업의 대중국 노출이 감소했다. 상위 30개 기업으로 범위를 확대하면 2010년 무렵부터 미국 기업들의 중국 노출이 정체됐다는 것을 파악할 수 있다.

이 모든 상황을 종합해보면, 중국이 WTO에 가입한 후 10년 동안은 미국의 대기업들이 급속히 사업을 확장하면서 중국이 이익의 최전선이었는데, 2010년 이후로는 이 확장이 중단되었거나 심지어 역전되었음을 알 수 있다.

2.

중국 기업들을 상대로 한
미국 기업들의 소송

중국 시장에서 미국 기업이 맞닥뜨린 압박이 커지면서 전반적으로 중국에서 사업 확장이 위축되고 있다. 중국의 사업 파트너 및 경쟁 업체와 분쟁에 휘말리거나 중국 당국으로부터 불공정한 대우를 받았다고 알려진 일부 미국 기업은 문제를 해결하기 위해 점점 더 법적 조치에 의지하고 있다. 중국의 파트너, 경쟁 업체 혹은 중국 국가가 미국 회사의 지식재산권을 침해한 것을 둘러싼 갈등은 미국 기업이 중국 기업을 상대로 소송을 제기한 주요 원인이었다.

베이징 당국의 국가주의적 경제 정책의 중심 목표는 미국을 희생양으로 중국의 기술 고도화를 달성하는 것이었다. 이 야심은 2015년 발표한 '중국 제조 2025' 정책에서 완전히 드러났다.[31] 비록 중국에 등록된 특허의 수가 지난 10년 동안 빠르게 증가했지만,[32] 또 다른 분석에 따르면 이러한 특허 중 상당수는 상업적인 측면에서 가치가 없다고 한다. 실제로 중국에 등록된 특허의 90퍼센트 이상이 5년이 지난 후 갱신되지 않았다.[33] 이러한 목적을 위한 막대한 정부의 지원과 수많은 특허에도 불구하고 상업적으로 실현 가능한 혁신이 부족한 탓에 중국의 내생적 혁신의 발전, 특히 '종이호랑이'라는 별명이 붙은 지배적인 국가 부문의 혁신에서 한계를 가지고 있다.[34] 지식재산권에 대한 보호가 부족한 것도 지방의 혁신을 가로막는 요인이다.[35] 중국의 국가 주도 혁신의 발전이 불충분하다는 점은 중국의 기술 자립도의 부족에서 드러나고 있다. 중국 제품이 기술 사다리의 위로 올라갈수록 외국 기술에 대한 중국의 의존도가 높아진다. [그림 6]의 지식재산권 국제수지를 보면 중국이 여전히 지식재산권 적자 국가임을 알 수 있다. 이는 중국이 해외 특허와 저작권에 대해 외국 기업이 중국에 지불하는 것보다 훨씬 더 많은 비용을 지불한다는 것을 의미한다. 게다가 이 적자는 늘어나고 있다.

국내 기술의 자체 혁신 시스템의 한계를 감안하면, 기술 자립을 달성하려는 당-국가의 추진력으로 인해 노골적인 경제 스파이 행위를 포함해 논란의 여지가 있고 때로는 외국 기업 기술의 불법적인 도용이 벌어지고 있다. 그 결과 미국 기업들이 지식재산권 문제로 중국 법인을 상대로 소송을 제기하는 사례가 늘고 있다. 여기에는 가장 유명한 미국 회사들도 종종 포함된다. 예를 들어 듀폰은 2004

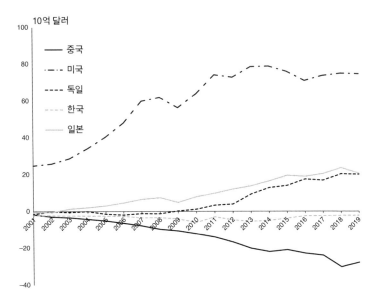

년에 한 중국 회사와 합작 기업을 설립해 옥수수를 섬유 재료로 바꾸는 신기술을 도입한 선도적인 기업 중 하나였다.[37] 듀폰은 2006년 중국 장자강메이징룽화학공업張家港美景榮化學工業, Zhangjiagang Glory Chemical Industry Company에 이 기술의 사용을 허가했지만, 2013년 무렵부터 중국 파트너들이 훨씬 더 낮은 가격에 동일한 제품을 생산하는 데 이 기술을 사용하고 있다고 의심하게 되었다. 이에 듀폰이 중국 파트너를 상대로 법적 대응에 나서자 중국 당국은 바로 소송을 취하하라고 경고했다. 2017년 12월 중국 반독점 당국의 조사관

들이 듀폰 상하이 사무실에 나타나 "회사의 전 세계 연구개발 네트워크에 대한 암호를 요구했으며 (…) 이 조사관들은 문서를 인쇄하고, 컴퓨터를 압수하고, 직원들을 협박했으며, 심지어 화장실에 갈 때도 동행했다."[38] 향후 중국에서의 사업 전망을 우려한 듀폰은 결국 소송을 취하했다.

이미 1990년대 중반에 중국에 진출한 또 다른 선두 기업인 모토롤라 역시 비슷한 일을 겪었다. 2010년 모토롤라는 무선 네트워크 기술을 도용한 혐의로 화웨이를 제소했다. 중국 상무부는 반독점 조사에 착수해 모토롤라에 압력을 가했다. 결국 모토롤라는 소송을 취하하고 2011년 무선 사업부를 중국 레노버에 매각했다.[39]

중국 법원은 당-국가가 통제하고 있고 미국 기업들의 경우 중국 법원이 중국 피고들을 편들 수 있다고 여겼기 때문에 이러한 소송 중 다수는 미국에 사업체를 둔 중국 기업을 상대로 미국 법원에 제기되었다. 예를 들어 풍력 터빈 제작에 필요한 필수 첨단 부품을 제조하고 제어 시스템과 관련해 운용 소프트웨어 드라이버를 만드는 매사추세츠주의 아메리칸 슈퍼컨덕터AMSC는 녹색 기술의 유망한 신흥 기업이었으며, 오바마 대통령으로부터 공개적으로 격찬을 받았다. 2003년부터 2013년까지 중국 총리를 지낸 원자바오의 가족과 연결된 중국의 국유 풍력 터빈 회사인 시노벨Sinovel은 AMSC의 고객사 중 하나였는데, 시노벨이 중국뿐만 아니라 국제 시장을 노리고 풍력 터빈 생산을 늘리기 위해 풍부한 국가 지원을 받기 시작하면서 AMSC의 사업도 빠르게 확장되었다. 시노벨로부터의 주문은 AMSC 전체 사업의 4분의 3을 차지했다. 하지만 2011년 시노벨은 갑자기 명확한 이유를 밝히지 않은 채 AMSC로부터 제품을 받고 결제하는 것을 거부했다. 최대 고객을 잃은 AMSC의 주가는 폭락했고 회사는 거의 파산할 뻔했다. 오랜 조사 끝에 AMSC는 시노벨이 AMSC의 유럽 사무소에 있는 직원에게 뇌물을 줘서 자사 제품의 소스 코드를 다운로드했다는 사실을 밝혀냈다. 오스트리아 법원은 그 직원에게 유죄를 선고하고 감옥으로 보냈다. 이어서 AMSC는 미국 법원에 경제적 손실에 대한 보상을 요구하며 시노벨에 소송을 제기했다. 2018년 법원은 시노벨의 영업 비밀 절도 혐의에 유죄를 선고하고 AMSC에 5900만 달러 이상의 배상금을 지급하라고 판결을 내렸다.

언론과의 인터뷰에서 AMSC의 CEO는 법적 승소만으로는 회사가 입은 손실을 만회할 수 없다며 분개했다.[40] 그는 중국과의 모든 비즈니스 관계를 단절했으며, 중국에 있는 모든 기업이 직면한 리스크에 대해 다음과 같이 솔직하게 말했다.

사업 규칙은 현지 브랜드가 이기도록 정해져 있다. (…) 중국 시장 참여는 중국 기업만을 위한 것이다. 적어도 지금까지 서구 기업으로서 당신의 참여는 신기루 같은 것이다. 중국은 당신을 데려오고, 당신에게서 얻어낼 수 있는 모든 것을 가져갈 방법을 찾아낼

수 있으며, 당신이 더 이상 쓸모가 없어지면 내쫓는다.[41]

　　미국 법원에서 중국 기업을 상대로 한 미국 기업의 소송이 모두 AMSC처럼 좋게 끝나는 것은 아니다. 그러한 사례 중 하나는 비코 Veeco Instruments로 이 회사는 LED 칩 생산을 위한 첨단 기계를 만들어 중국에서 호황을 이루고 있는 반도체 산업에 공급했다. 2012년경 비코는 주요 중국 경쟁 업체인 상하이의 AMEC이 자사의 기술을 입수해 훨씬 더 저렴한 버전의 제품을 생산한다는 사실을 알게 되었다. 비코는 AMEC을 미국 법원에 제소했다. 2017년 법원은 비코에 유리한 판결을 내리고 AMEC이 기계를 만드는 데 필요한 핵심 부품을 미국에서 구매하는 것을 막았다. 이에 대응하여 AMEC은 비코가 생산 시설을 유지하고 있는 중국 푸젠성 인민법원에 비코를 특허 침해 혐의로 제소했다. 중국 법원은 AMEC의 주장을 받아들였고 비코에게는 심리 절차를 통보하지도 않았다. 미국 법원이 비코의 손을 들어준 지 불과 한 달 만에 중국 법원은 AMEC에 유리한 판결을 내려 비코의 중국 내 기계 판매를 막았다. 중국 시장에서 배제되는 것은 비코에게 재정적 재앙을 초래할 것이었기에 비코는 결국 법정 밖에서 AMEC과 따로 합의해 소송을 마무리 지었다.[42]

　　AMEC과 비코 사이에 벌어진 법적 분쟁은 결코 단발적인 사례가 아니다. [그림 7]은 미국 기업이 지식재산권 문제 때문에 중국 법인을 상대로 미국 법원에 제소한 소송 건수를 나타낸 것이다. 이에 따르면, 소송 건수는 2000년대 초반에 완만히 늘어나다가 글로벌 금융위기와 이에 따른 중국의 경기부양책 여파로 2009년 이후 급증했다.

〔그림 7〕 1993~2019년 지식재산권 문제로 미국 법원에서 중국 법인을 상대로 한 미국 기업의 소송 건수[43]

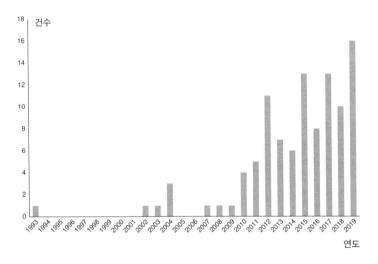

이 소송 사례들은 대부분 전형적인 패턴을 보여준다. 이런 사례에 연루된 미국 기업들은 중국에 진출했건 그렇지 않건 간에 직원들이 뇌물을 받거나 조종을 받아 핵심적인 영업 비밀을 도용해 중국 경쟁 업체에 넘긴다. 그리고 이를 넘겨받은 중국 업체들은 유사한 제품을 만들어 훨씬 더 낮은 가격에 판매하고 중국과 그 외 세계

지역에서 해당 미국 기업의 시장 점유율을 차지한다. 영업 비밀을 도용한 직원과 기술을 입수한 중국 경쟁 업체 간의 관계는 경우에 따라 다르다. 어떤 사례에서는 영업 비밀을 입수한 직원이 피해 기업의 중국 경쟁 업체에 손을 내밀어 대가를 받고 그 영업 비밀을 제공했다.[44] 또 다른 사례에서는 직원들이 중국에서 새로운 회사를 설립해 동일한 제품을 생산하고 의도적으로 피해 기업의 고객사에 접근해 더 가격이 싼 대체 제품을 공급했다.[45] 영업 비밀을 탈취한 직원들이 해당 기업이 보유한 특정 기술을 노리기 위해 중국 기업이나 심지어 중국 정부가 의도적으로 파견한 스파이였던 사례들도 있다. 한 사례에서는 중국 국무원의 고위 관료들이 듀폰이 보유한 특정 핵심 기술을 표적으로 삼아 그 기술 비밀을 탈취하기 위해 직원을 선발해 해당 기업에 입사시키기도 했다. 그 직원은 10년 넘게 베이징 당국의 '지시'에 따라 행동했다. 결국 FBI가 이 사건을 조사하게 되었고, 2014년 그 직원은 기소되어 경제 스파이 혐의로 징역 15년형을 선고받았다.[46]

지식재산권을 도용당한 피해 기업들이 모두 법적 대응을 선택하는 것은 아니다. 중국의 시장 규모를 의식해 중국 당국과의 적대를 피하려는 미국 기업들은 지식재산권 침해에 맞서 싸우기보다 그 상황에 대한 적응을 선택하기도 한다. 예를 들어 농기계 및 중장비 제조업체인 버미어Vermeer는 1990년대부터 드릴링 머신과 기타 중장비를 중국에 수출해왔다. 버미어는 2000년대에 쉬저우의 지방 국유 기업인 쉬저우건설기계그룹徐州工程機械集團有限公司, XCMG이 자사의 기계를 모방한 제품을 훨씬 더 낮은 가격으로 판매하고 있다는 것을 발견했다. 버미어는 어떠한 조치도 취하지 않았지만 중국의 모방 제품을 충분히 앞서갈 만큼 빠른 속도로 혁신하는 방법을 택했으며, 가장 선진적인 기술을 적용한 기계를 더 이상 중국 시장에 판매하지 않는 것으로 그 상황에 대응했다. 그 대신 중국에서는 더 단순하고 저렴한 기계를 판매했다. 알려진 바에 따르면, XCMG를 비롯해 싼이중공업三一集團有限公司, SANY이나 중롄중공업中聯重工科技發展股份有限公司, Zoomlion과 같은 중국의 중장비 제조업체들은 버미어, 캐터필러Caterpillar, 리페르Liebherr 등과 같은 주요 건설 및 광산기계 제조업체의 디자인과 놀라울 정도로 유사한 제품을 만들어 판매함으로써 성공을 거두고 있다.[47] 이러한 해외 제조업체 중 상당수는 중국과의 지속적인 우호관계를 위해 법적 조치를 취하지 않은 것으로 보인다.

일부 미국 기업은 중국 경쟁 업체를 인수해 중국 기업들과의 격화되는 불공정한 경쟁에 대처하려 했다. 그러나 중국 당국은 그러한 시도를 미연에 방지하기 위해 종종 개입했다. 당-국가의 목표는 일류 국유 기업을 육성해 외국 회사들을 경쟁에서 물리치고, 이 기업이 외국 회사의 손에 넘어가지 않도록 하는 것이다. 예를 들어 2005년에 미국의 사모펀드인 칼라일 그룹Carlyle Group이 XCMG를 인수하려 시도했고, 베이징 당국이 이 시도를 인지하게 되었다. 외국 기업이 건설기계 제조업을 독점하는 것을 막기 위한 노력의 일환으로 중국 정부는 이 상황에 개입했으며, 칼라일의 제안을 능가할 인수자를 찾았다. 결국 XCMG는 중국 중앙 정부가 직접 관할하는 국유 기업이 되었다.[48]

당-국가가 기술 고도화로 가기 위해 손쉬운 편법을 찾으면서 개인 차원의 경제적 스파이 활동뿐만 아니라 정부 차원에서 외국 기업에 대한 강압적인 수단도 동원되고 있다. 2010년 이후로 중국 정부가 지속적인 시장 접근에 대한 전제 조건으로 중국 내 미국 기업에 영업 비밀을 중국 경쟁 업체들에게 넘기도록 강요했다는 의혹이 급증했다.[49] 이러한 중국 정부의 공개적인 압력으로 인해 미국 기업들은 개별 차원의 법적 수단을 넘어 집단행동을 하고자 연합함으로써 미국 정부에 비즈니스 환경의 체계적인 개선을 위해 중국 당국에 압력을 가할 것을 촉구했다.

3.

베이징의 '대리 로비스트'에서 '반反중국 기업 반란'으로

앞서 2장에서 1990년대 초 미중 자유무역에 대한 논쟁을 소개하며, 처음에는 해외로 진출하기를 꺼리던 제조업체들과 노동조합이 중국의 MFN 지위의 무조건 갱신에 반대하는 연합을 구성했다는 것을 설명했다. 결국 이 연합은 중국 당국의 약속에 고무된 고도 금융과 유력 기업들 간에 구성된 연합과의 전투에서 패배했다. 1994년의 패배 이후 미국 정치에서 노동조합의 힘이 약화되고 당초 역외 진출을 꺼리던 제조업체들이 결국 중국으로 진출하게 되면서 반중 무역연합은 힘을 잃었다. 2001년 중국의 WTO 가입 이후, 미국 경제에 미친 '차이나 쇼크'는 즉각적이면서도 거대했다. 1999년과 2001년 사이에 중국으로부터의 수입품이 밀려들어오면서 미국에서 200

만 개 이상의 제조업 일자리가 사라졌다.[50] 이 충격으로 인해 2000년대에 반중 무역연합은 활기를 되찾았다.

중국이 WTO에 가입한 지 5년도 채 되지 않아 중국을 환율 조작국으로 지정해야 한다는 로비 연합이 등장했다. 1988년 제정된 미국의 종합무역법에 따르면 특정 무역 상대국을 환율 조작국으로 지정할 수 있었다. 만약 한 국가가 미국으로의 수출이 증가하면 달러 대비 그 나라의 통화 가치는 상승해야 한다. 하지만 그 국가의 중앙은행이 통화 가치의 평가절상을 막기 위해 개입한다면, 저평가된 통화로 인해 그 나라는 수출 부문에서 장기적인 가격 경쟁력을 갖게 된다. 이러한 중앙은행의 개입은 미국 제조업체의 시장 점유율과 제조업 일자리를 희생시키는 수출 부문의 비시장적이고 불공정한 보조금으로 간주된다. 1988년 제정된 법은 이러한 상황에서 미국 정부가 해당 국가로부터의 수입품에 추가 관세를 부과하거나 그러한 수입을 막기 위해 정부 조달 규칙 사용 등이 포함된 교정 조치를 취하는 것을 허용한다. 새로운 반중 무역연합의 목적은 의회와 백악관이 중국을 환율 조작국으로 지정해 중국 수입품의 유입을 막기 위한 교정 조치를 적용하도록 하는 것이었다.[51]

이 연합의 중추는 노동조합이었다. 그리고 중국으로의 해외 진출 역량은 좀 떨어지고 중국산 수입품으로 인해 자국 시장이 잠식당하고 있는 미국 제조업체들이 이 연합의 또 다른 만만찮은 세력이었다. 이 제조업체들의 대부분은 철강 산업 쪽이었지만 석유화학 제품 및 정밀 장비 제조업체도 있었다. 이 문제에 대해 워싱턴 당국에 로비활동을 벌이고자 참여하거나 결성된 주요 조직으로는 중국환율문제대책연대the China Currency Coalition, 미국제조업연맹the Alliance for American Manufacturing, 미국철강협회the American Iron and Steel Institute, 미국 생산자연합회the Coalition for a Prosperous America, 미국통상법지지위원회The Committee of Support US Trade Laws, 공정환율연대the Fair Currency Coalition 등이 있었다.[52] 2000년대에 중국과의 무역이 증가하면서 제조업 일자리 감소로 인한 실업이 늘자 워싱턴에서 이 연합 세력의 영향력이 커졌다. 이 조직들은 '철강의원연맹Congressional Steel Caucus' 으로 대표되는 미국 중서부 러스트벨트 지역 의원들과 함께 중국과의 무역에서 심각한 타격을 입은 지역의 의원들과 핵심적인 동맹관계를 맺었다. 이들 지역은 대선에서도 핵심 격전지가 되었다.

이 연합의 노력으로 중국의 환율 조작 의혹이 워싱턴의 정치 의제로 떠올랐지만, 트럼프 행정부 시절인 2019년 8월에서 2020년 1월까지의 잠깐 동안을 제외하고는 정부가 중국을 환율 조작국으로 지정하고 이들이 요구한 교정 조치를 채택하게 하는 데는 실패했다. 이들이 실패한 이유 중 하나는 중국으로 제조 부문을 아웃소싱해 낮은 중국 환율 덕에 이득을 보고 있는 미국 기업들로 구성된 대항 로비 연합이 이들의 로비 노력을 상쇄시켰기 때문이다. 이처럼 강력한 대항 로비 연합에는 월마트, 코닥, 캐터필러, 미국신발유통소매협회Footwear Distributors and Retailers of America, 미국소매협회National Retail

Federation, 미국전자협회American Electronic Association, 미중 기업협의회, 그리고 일부 월가의 은행들이 있었다.[53] 반중 무역연합은 중국 위안화 가치가 과도하게 저평가되어왔다고 간주했던 반면, 이들은 위안화 가치가 2005년 이후로 정확하게 평가되어왔다고 주장했다.[54]

미국 기업들은 2000년대 중국의 환율 조작과 중국산 수입품에 대한 관세 부과 문제에 대해 의견이 분분한 상태였다. 2010년대에 들어서서는 지식재산권 및 시장 접근 문제를 둘러싸고 미국 기업들 사이에서 중국에 대한 의구심이나 적대감이 더욱 확산되었다. 중국의 통화 조작 혐의에 대한 로비활동은 중국에 아웃소싱할 수 없는 기업들이 시작했고 중국에 상당한 존재감을 가지고 있는 기업들이 저지한 반면, 중국의 지식재산권 보호 및 시장 접근과 관련된 로비활동은 중국에 상당한 존재감을 가진 기업들이 주도했다.

중국 정부의 보복이 두려워 많은 기업이 중국 정부의 기술 이전 및 시장 접근 정책을 공개적으로 비판하지는 않았다. 이들은 대신 자신들이 가진 의혹에 대한 정보를 은밀하게 미국 정부에 제공했으며, 자신들을 대신해 조치를 취하도록 워싱턴 당국에 로비를 했다.[55] 더 공개적으로 행동하는 기업들도 있었다. 일례로 캘리포니아에 본사를 둔 메모리 칩 제조업체인 마이크론 테크놀로지Micron Technology는 중국 경쟁 업체인 푸젠진화晉華集成電路, Jinhua가 기술 탈취를 주도했다며 캘리포니아에서 소송을 제기했다. 푸젠진화가 당-국가의 지원을 받아 중국 법원에서 마이크론을 맞고소하고 승소하자, 마이크론은 정치적 연줄에 기대어 푸젠진화의 기술 절도가 국가 안보에 위협이 된다며 미국 상무부를 설득했다. 2018년에 상무부는 푸젠진화를 블랙리스트에 올렸고 미국 기술과 부품 수출을 금지해서 사실상 회사를 몰락시켰다.[56]

기술 이전 외에도 제한적인 시장 접근은 미국 기업이 워싱턴 당국을 압박해 지원을 요청하는 또 다른 주요 이슈라고 할 수 있다. 이미 2004년에도 일부 미국 기업은 WTO 가입 이후 중국 정부가 약속한 만큼 시장을 폭넓게 개방하지 않았다며 불평하기 시작했다. 부시 행정부와 오바마 행정부가 비공개 협상과 WTO 제소를 통해 세밀한 압력을 행사했음에도 불구하고 중국에는 외국 기업을 대상으로 한 불공정한 조사와 반독점법 시행 등 중국 기업이 외국 기업과 경쟁하는 데 유리하게 작용하는 많은 관행과 규제가 있었으며, 이러한 상황은 2010년 이후 계속 악화되었다.[57]

2011년 1월 19일 후진타오 중국 국가주석의 공식 방문 때 백악관에서 열린 후진타오 주석과의 공동 기자회견에서 오바마 대통령은 비록 외교적 정중함을 갖췄지만 미국 대통령으로서는 처음으로 미국 기업에 대한 중국 당국의 부당한 대우 문제를 공개적으로 제기했다.

저는 또한 후진타오 주석에게 중국에서 경쟁 중인 미국 기업들에게 공정한 경기장을 제공해야 하며, 무역이 공정해야 한다고 강조했습니다. 그래서 저는 미국 기업들이 중국 정부의 조달 계약을 따내기 위해 경쟁할 때 차별받지 않을 것이라는 후 주석의 약속을 환영합니다. 그리고 지식재산권 절도에 맞서기 위해 새로운 조치를 취하려는 후 주석의 의지에 감사드립니다.[58]

미국 기업들은 백악관에 압력을 가하는 것 외에도 의회에 로비를 했으며, 중국의 제한적인 시장 접근과 지식재산권 도용에 대한 조치를 취할 것을 적극적으로 촉구했다. [그림 8]에서 볼 수 있듯이, 두 가지 이슈에 대한 기업의 로비활동은 2004년 이후 꾸준히 증가해 2010년을 정점으로 그 이후에도 높은 수준을 유지했다.

〔그림 8〕 1999~2019년 중국 관련 지식재산권 및 시장 접근 이슈에 대한 미국 기업들의 로비 건수[59]

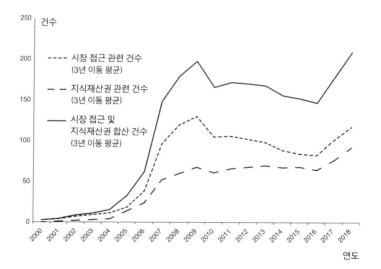

환율 조작을 둘러싼 로비활동은 미국 기업들 간의 분열을 보여주지만, 중국의 시장 접근 및 지식재산권과 관련된 로비활동은 다양한 부문의 미국 기업들 사이에 의견 일치가 이뤄졌음을 보여준다. 이 두 이슈와 관련된 로비활동이 정점에 이른 2019년, 로비에 참여했던 기업 및 단체의 목록을 살펴보면 그 범위가 아주 다양하다. 그 목록에는 오라클, IBM, 구글, GM, 일라이릴리Eli Lilly, 전미양계협회 National Chicken Council, 플레이보이, 모건 스탠리, 미국철강노동조합 United Steelworkers, 사유재산 수호를 위한 보수 연합Conservatives for Property Rights 등이 포함되어 있었다.

근본적으로 시장 접근, 지식재산권, 심지어 환율 조작 문제는 모두 서로 연관되어 있으며, 미국 및 기타 외국 기업에 대한 베이징 당국의 일반적인 적대감이 드러난 것이라고 볼 수 있다. 이미 2010년 1월 비즈니스라운드테이블Business Roundtable, 전미제조업협회, 미국상공회의소 등 19개 로비 단체가 백악관에 서한을 보내 "미국의 기업과 지식재산권을 희생시켜 자국의 기업을 발전시키려는 정책을 만들어내는 중국의 체계적인 노력"에 대해 "미국 회사들에 즉각적인 위험을 초래한다"고 불만을 표하며, 미국이 중국에 더 강력한 조치를 취해야 한다고 촉구했다.[60] 2017년에 미국상공회의소와 중국 주재 미국상공회의소는『행동 청사진: 미중 무역관계의 우선순위 과제 해결』을 펴냈다. 이것은 미국의 새 행정부가 자국의 기업들을 위해 중국의 비즈니스 환경을 개선하도록 베이징 당국에 압력을 가하려면 무엇을 해야 하는지에 관한 요구 사항 목록이었다. 그 서문은 미국 기업의 전반적인 고충 사항을 간결하게 요약하고 있다.

> 지난 몇 년 동안 많은 미국 및 기타 외국 기업에게 중국의 비즈니스 환경은 계속 악화되어왔다. 이 추세는 해당 국가에서 운영되는 회사뿐만 아니라 (…) 중국에 수출하는 기업들 및 제3국 시장에서 중국 기업들과 경쟁하는 데에도 영향을 미치고 있다. (…) 향후 대중국 무역과 투자 전략은 중국 정부로부터 보조금을 받고 있는 철강 및 기타 상품들로부터 우리 시장을 방어하는 것뿐만 아니라 중국에서 경쟁력을 지닌 시장의 필요성을 강조하는 것이 필수적이다. (…) 미국과 세계 각국에 미치는 중국 산업 정책의 왜곡은 지금도 심각하지만 더 점증하고 있으며 많은 피해를 주고 있는데, 중국이 전기자동차, 항공, 반도체 등 핵심 분야의 자국 시장에서 외국 기업과의 경쟁을 효과적으로 제거한다면 향후 훨씬 더 큰 피해를 입힐 것이다.[61]

중국을 환율 조작국으로 지정하라는 로비 외에도 AFL-CIO, 미국철강노동조합 등 주요 노동단체들 역시 "중국 정부가 미국 노동자와 제조업자들을 희생시키면서 보조금, 투자, 노동자 권리 및 무역 정책에 관한 국제 규범을 계속해서 위반할 수는 없다"고 주장하면서, 중국의 시장 접근 및 기술 이전 정책에 반발하는 로비활동을 강

하게 벌이고 있다.[62]

놀랍게도 중국의 이익을 위해 로비를 하던 일부 기업이 중국에 반대하는 입법 활동을 위한 로비로 방향을 전환했다. 눈에 띄는 사례로는 캐터필러가 있는데, 이곳은 중국 시장에 진출하기 시작한 1990년대에는 중국의 MFN 지위 갱신을 위해 로비를 벌이던 핵심 기업 중 하나였다. 캐터필러는 2000년대 초반 중국 건설기계 시장을 석권했다. 그러나 2009~2010년 정부의 경기부양책의 금융 지원에 힘입어 중국의 건설기계 제조업체들이 공격적으로 사업을 확장했다. 중국제 굴착기의 시장 점유율은 캐터필러의 제품은 물론이고 유럽과 일본 제품까지 밀어내 2009년 26퍼센트에서 2019년 62퍼센트로 치솟았다.[63] 캐터필러는 2010년 이전에 중국의 환율 조작을 비난하고 중국 수출품에 대한 미국의 보복 관세를 승인한 의회 법안에 대해 반대하는 로비활동을 공격적으로 벌였다. 2010년 이후 캐터필러는 정반대 입장으로 전환했다. 중국의 통화 가치가 고평가되면 중국에 대한 수출이 늘어나는 동시에 캐터필러의 디자인과 "의심스러울 정도로 유사한" 제품 라인업을 가진 중국 경쟁 업체로부터 미국 및 기타 비非중국 시장을 방어할 수 있기에 캐터필러에게 이익이 될 수 있었다.[64] 캐터필러의 한 로비스트는 "중국이 통화 정책을 바꾸도록 하는 것은 큰 문제이며, 미국은 정부부터 기업에 이르기까지 무역에 영향을 미치는 주요 불공정 문제를 해결하기 위해 중국에 로비하고 있다"고 말했다.[65]

'중국에 반대하는 기업 반란'[66]이 부상한 것은 오바마 행정부가 환태평양경제동반자협정TPP을 추진하려는 노력에 박차를 가하는 원동력이 되었다. TPP의 구상은 중국을 제외하고 미국과 대부분의 아시아 태평양 국가를 포함하는 자유무역 지대를 설립하는 것이었다. TPP는 지식재산권 보호, 시장 접근 보장, 민간 기업과 경쟁하는 국유 기업 제한을 강조했다. 이는 미국 기업들이 중국에서 가장 많은 불만을 품는 문제들이다. TPP가 실현된다면 중국은 국유 기업에 대한 정부 지원을 줄이는 것은 물론이고 지식재산권 보호와 시장 접근을 개선하라는 압력을 받을 것이며, 이는 모두 중국의 TPP 가입 조건이 될 것이다. 이러한 '반중국 기업 반란'은 중국 무역에 있어서 강경했던 트럼프의 입장을 지지했으며, 바이든 행정부에게도 이처럼 강경한 입장이 지속될 뿐 아니라 더 강화되어야 한다고 주장하고 있다.[67]

4.

비즈니스 로비와
지정학으로의 회귀

'차이메리카'의 절정기에, 중국 시장에서 실제로 기대했던 이익을 누렸던 미국 기업들은 중국의 '대리 로비스트'였다. 그 기업들은 (예를 들어 중국에 항구적 정상무역관계 지위 부여와 같은) 중국의 이익에 유리한 정책을 위해 로비했을 뿐만 아니라 중국의 이익을 해치는 정책에 반대하는 로비활동도 벌였다. 워싱턴에서 가장 인기 있는 한 로비 회사의 선임 로비스트는 "재계는 미중 관계를 좋은 궤도로 올려놓는 데 있어서 항상 선봉에 섰다"고 말했다.[68]

미국 기업들이 중국의 이익을 위한 로비활동에 대한 열의가 줄어들면서, 미국에서 중국에 대한 매파적 입장에 맞서는 핵심 반대 세력이 사라졌다. 이로 인해 그동안 친중 기업 로비가 견제해왔던 국가 안보 분야에서 대중 강경책을 옹호하는 정치 세력의 목소리가 세졌다. 미국의 군사-정보-외교 기관의 지정학적 매파들은 미국의 사이버 안보와 아시아 태평양 지역에서의 지배력에 중국이 위협이 된다고 오랫동안 경고해왔다. 그러나 차이메리카 체제가 절정을 이루던 기간의 행정부는 모두 미중 경제 협력이 손상될까 우려해 중국의 군사적, 지정학적 진출을 막기 위해 심각한 조치를 취하는 것을 경계했다.

2010년 이후 매파적 입장의 지정학적 주장이 정책 결정 과정에서 더 큰 영향력을 갖게 되었다. 그로 인한 한 가지 결과는 2011년에 시작된 오바마의 아시아로의 회귀 정책이었으며, 이는 중국의 해군력 증강에 대응하기 위해 태평양에 더 많은 해군력을 재배치하는 것을 목표로 했다.[69] 2013년 미국 해군은 정기적으로 항행의 자유 작전을 시작해 남중국해에 군함을 보냈다. 남중국해는 전 세계 해운에 있어 중요하지만 중국은 이 바다를 자신의 해양 영토로 주장하고 있다. 미국 해군과 중국 해군 사이의 교착과 대립은 뉴노멀이 되었다.

일단 국가 안보에 치중하는 매파들이 견제받지 않고 정책 결정을 주도하게 되자, 워싱턴 당국은 특정 미국 기업의 이익에 피해를 주는 리스크를 감수하더라도 중국과의 지정학적 경쟁이라는 당위를 내세워 정책을 채택하는 경향이 강해졌다. 가장 주목할 만한 사례 중 하나는 중국의 군사 및 안보 기구와 긴밀한 관련이 있다고 여겨지는 중국의 민영 첨단 기술 대기업인 화웨이에 대한 미국의 정책 변화다. 화웨이는 가치사슬을 타고 올라가 첨단 통신 분야의 글로벌 기업으로 부상하면서 미국의 기술 기업들과 호혜적인 관계를 구축했다. 소비자 통신 장비 및 통신 인프라 시스템 제조업체로서 화웨이는 미국 기업이나 타이완, 한국과 같이 미국과 긴밀한 동맹관계를 맺은 국가의 첨단 기술 기업이 제조한 최첨단의 컴퓨터 칩과 부품에 의존해왔다. 미국이 지배하는 첨단 기술 공급망에 긴밀하게 통합된 신흥 글로벌 대기업으로서 화웨이는 대부분의 미국 기업과 경쟁하지 않고 그 대신 미국 기술 기업의 주요 고객이 되었다.[70]

국가 안보 관계자들과 의회가 화웨이의 중국 군부와의 연관성 및 미국과 동맹국에 구축한 통신 시스템에서 발생하는 사이버 안보 리스크에 대해 문제 삼기 시작했을 때, 워싱턴 당국은 처음에는 그런 사항들을 경시했다. 미국 정부는 오히려 미국에서 화웨이의 사업 확장을 계속 지원했다. 부시 행정부는 화웨이의 미국 시장 진출을 지지했으며, 화웨이와 미국 기업의 합병을 촉진하기 위해 화웨이에 대한 미국외국인투자위원회CFIUS의 심의 권한을 약화시키려 했다.[71] 2010년 부시 행정부의 전직 국가 안보 관료가 화웨이에 합류해 미국 시장에서 사업 성장에 대해 자문역을 맡았다.[72] 이러한 미중 기술 협력은 오바마 행정부 초기까지 계속되다가 급격한 전환을 맞이했다.

2012년에 백악관과 미국 하원은 화웨이의 잠재적인 안보 리스크를 검토했고, 2013년 워싱턴 당국은 미국 정부 기관 조달에서 화웨이를 금지시켰다.[73] 2014년 미국 국가안보국이 화웨이에 대한 조사에 착수하자 중국 정부는 거세게 반발했다.[74] 이렇듯 2010년대 초 워싱턴 당국이 화웨이와의 협력을 지원하는 쪽에서 화웨이와의 거래를 막는 쪽으로 방향을 틀었을 때 이미 전환은 진행 중이었다. 이는 나중에 미국의 동맹국들에게 화웨이의 통신 인프라를 금지하도록 압력을 가하고 미국산 컴퓨터 칩이나 미국 기술을 탑재한 컴퓨터 칩을 화웨이로 수출하는 것을 금지하는 정책으로 나아갔다. 화웨이에 대한 이러한 공격적인 정책은 트럼프 행정부가 마련했고 의회에서 초당적인 지지를 얻었다. 트럼프 백악관이 2019년 미중 무역 협상 개시와 이 협상에서의 중국의 양보를 예상하고 화웨이에 대한 장비 및 부품 판매 금지 조치를 완화하려 하자 의회는 즉시 초당적으로 반발했다.[75] 이러한 공격적인 정책은 전적으로 국가 안보만을 고려한 것이었다. 화웨이의 글로벌 확장에 장비, 부품, 기술을 판매한 많은 미국 첨단 기업의 이해관계가 훼손됐음에도 불구하고 이러한 정책이 진전돼 확고히 시행될 수 있다는 점은 미중 관계의 구조적 조건이 얼마나 달라졌는지를 보여준다.

우호적인 미중 관계에 대한 미국 기업들의 지지 약화와 중국을 미국의 경쟁자로 보는 입장을 선호하는 외교 정책 엘리트들을 억제하려는 노력의 후퇴는 일반적으로 지구화, 특히 중국과의 무역에 대한 대중의 반발이 새롭게 고조되는 시기에 이뤄졌다. 신자유주의적 지구화의 도래와 미중 자유무역의 개방 이후, 노동계와 그 정치적 대표자들은 이러한 발전에 완강히 저항해왔다. 1990년대 초 지구화에 대한 비판자들이 예측한 대로 제조업의 대규모 해외 이전과 대량 실업을 경험해오면서 노동자들의 처지는 계속 밑바닥으로 떨어졌고, 이들은 왼쪽의 버니 샌더스부터 오른쪽의 도널드 트럼프에 이르기까지 반자유무역을 주장하는 정치인들을 지지하는 강력한 투표 블록을 형성했으며, 이 정치인들은 2016년 대선에서 두각을 나타냈다.

트럼프와 샌더스 모두 중국과의 자유무역을 오판으로 보았다. 트럼프는 대통령이 된 후, 광범위한 중국산 제품에 대해 높은 관세를 매겨 중국과 무역 전쟁에 돌입했다. 워싱턴에서는 중국 무역에 대한 유보적 태도, 심지어 적대감이 주류를 차지하게 되어서 새로 선출된 바이든 행정부조차 트럼프가 부과한 대중국 관세를 철회하지 않고 중국에 대한 대립적 정책을 계속 추진하겠다고 약속했다.

4장

세력권

1.

자본 수출국으로서의
중국의 부상

앞서 살펴봤듯이 2008년 글로벌 금융위기에 대응한 중국의 경기부양책은 2009~2010년 중국 경제의 반등을 성공적으로 이끌었다. 다른 한편 이 경기부양책으로 인해 중국 기업들에는 부채 증가, 과잉생산 능력 및 수익 감소로 이어지는 과잉축적의 위기가 발생했다. 이러한 문제들의 하중으로 2010년 이후 경제성장이 둔화되었으며, 이 경기 둔화로 인해 중국 국가는 경제에 대한 통제를 확대하고 민간 기업과 외국 기업에 대한 압박을 강화했다. 국내 경제의 비즈니스 환경 악화에 대한 또 다른 해결 방안은 [그림 9]에 잘 나타나 있듯이 FDI와 대외 차관 형태로 자본 수출이 급증한 것이다.

대외 FDI 규모가 대외 차관 규모를 훨씬 더 초과하지만, 중국의

〔그림 9〕1990~2019년 중국의 대외 차관 및 대외 FDI 연간 지출[1]

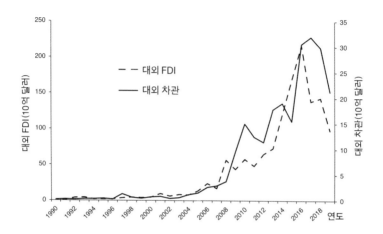

〔그림 10〕2000~2019년 중국의 연간 대아프리카 차관 및 FDI 유출액 비교[2]

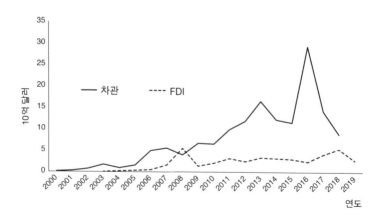

대외 FDI의 70퍼센트 이상은 저량과 유량 두 측면에서 모두 홍콩과 카리브해의 조세 도피처를 포함한 역외금융중심지로 향하며, 대부분 이 중심지의 지주 회사와 부동산을 최종 목적지로 삼아 흘러들어간다. 이는 이러한 투자의 대부분이 자본 도피임을 보여준다.[3] 아프리카는 중국의 FDI 통계가 자본 도피로 인해 가장 덜 왜곡되는 편이라고 할 수 있는데, 자본 수출의 주요 형태로 그 규모 면에서 차관이 항상 FDI를 넘어선다([그림 10] 참조). 아프리카의 데이터를 기반으로 하면, 자본 도피를 제외하고 대부분 중국의 공식 금융 기관이 제공하는 차관으로 이뤄진 중국의 대외 원조가 개발도상국에 대한 자본 수출의 주요 형태가 되고 있음을 예상할 수 있다. 전체적인 수준에서 중국의 해외 대출은 미국과 세계은행의 직접 대출과 비슷해졌다.[4]

2000년대에 세계적으로 상품 수요가 폭발하는 가운데, 중국은 다른 개발도상국들에 대한 많은 대출을 통해 해당 국가의 원자재를 확보할 수 있었다.[5] 에너지와 원자재 수출국에 많은 대출이 이뤄졌으며, 명시된 양의 상품으로 상환받았다. 이러한 유형의 대출로 가장 잘 알려진 사례는 2007년에서 2014년에 걸쳐 중국이 베네수엘라에 630억 달러의 차관을 제공하고 원유로 돌려받은 것이다.[6] 2010년 이후에는 인프라 시설 프로젝트에 자금을 지원하는 쪽으로 더 많은 대출이 이뤄져 인프라 건설에서 중국의 과잉생산 능력을 수출하는 길을 열었다.[7] 이 자본 수출의 대부분은 2013년부터 일대일로一帶一

路 이니셔티브라는 명목으로 이뤄졌다. 중국이 자금을 지원하는 일대일로 프로젝트는 프로젝트 계약 업체의 89퍼센트가 중국 소재를 사용하는 중국 기업이었고, 7.6퍼센트는 현지 기업이었으며, 3.4퍼센트가 중국 기업을 제외한 외국 기업이었다. 반면 세계은행 및 아시아개발은행과 같은 전통적인 다자개발은행이 자금 지원을 하는 프로젝트는 계약 업체의 29퍼센트가 중국 기업, 40.8퍼센트가 현지 기업, 30.2퍼센트가 외국 기업이었다.[8]

개발도상국에 대한 중국의 이 같은 자본 수출 공세는 과잉생산 능력으로 어려움을 겪고 있는 중국 기업들에게 새로운 수요를 창출해줬다. 예를 들어 중국 세관 통계에 따르면, 중국 철강 수출은 2001년부터 2015년 정점에 이르기까지 20배 이상 증가했다. 많은 제철소가 2009~2010년 경기 부양 시기에 공격적으로 확장했고 그 이후 과잉생산과 과도한 부채로 흔들리고 있었는데, 이 해외 수출은 그 기업들에게 생명줄이 되어줬다. 과잉생산 능력으로 어려움을 겪고 있는 또 다른 부문은 건설기계 제조업이다. 2009~2010년 경기부양책으로 주요 건설기계 제조업체들의 생산능력과 수익은 급증했다. 그러나 [그림 11]에서 보듯이, 중국 3대 건설기계 제조업체의 연간 수익 변화는 2009~2010년 강력한 성장의 정점에서 경기부양책으로 인한 중국 경제의 반등이 차츰 약해진 이후 급격히 위축되었고, 2013년 이후 일대일로 이니셔티브의 시작 이후에야 다시 성장하기 시작했다. 이 기업들의 연차보고서는 침체된 중국 국내 시장

에 비해 중국의 대출로 자금을 조달한 해외의 일대일로 프로젝트의
수주가 수익 증가에 있어 얼마나 중요한지를 보여준다.[9]

〔그림 11〕 2007~2019년 중국 3대 건설기계 제조업체의 연간 수익성장률[10]

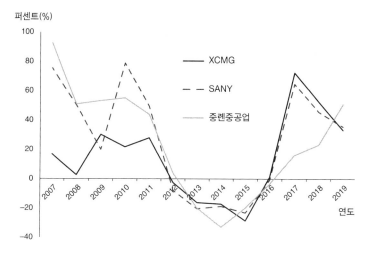

앞서 살펴봤듯이, 중국의 당-국가 자본주의는 중국 국내 시장에
서 미국과 다른 외국 기업을 희생시키면서 중국 국내 기업을 더 보
호하고 있다. 일대일로에 따른 중국의 자본 수출은 중국 상품 및 기
업이 현지 기업이나 그 외 외국 기업에 비해 특권을 누릴 수 있는 중
국의 세력권을 형성했다. 앞 장에서 살펴봤듯이 건설기계 제조업체
와 같은 미국 기업들은 중국에서 국가의 지원을 받는 중국의 경쟁
업체들에게 시장 점유율을 잃고 있었다. 그리고 개발도상국에서 중

국의 영향력이 확대되는 것은 미국 기업들이 개발도상국에서 시장을 잃는다는 것을 의미한다. 지난 10년 동안 중국 건설기계 제조업체들의 세계 시장 점유율은 미국 업체들을 누르고 빠르게 증가했다. 2020년에는 중국의 SANY가 캐터필러를 제치고 세계 굴착기 판매 1위에 올랐다. 2020년 기준으로 세계 10대 건설기계 제조업체 중 미국 기업인 캐터필러와 존 디어의 시장 점유율은 합쳐서 17.7퍼센트인 반면, 중국 기업인 SANY, XCMG, 중롄중공업Zoomlion의 시장 점유율은 합쳐서 20.3퍼센트였다.[11] 따라서 미국 기업들이 개발도상국에서 중국 기업들에 비해 경쟁력을 높일 수 있는 정책을 위해 워싱턴에 로비를 한 것은 전혀 놀랄 만한 일이 아니다. 예를 들어 캐터필러는 2011년 콜롬비아와의 자유무역협정을 위해 오바마 행정부에 로비를 벌였으며, 콜롬비아에서의 판매를 늘리고 중국 경쟁 업체들을 '저지'하기 위해 자유무역협정이 필수 불가결하다고 명시적으로 언급했다.[12]

2017년 미국상공회의소와 중국 주재 미국상공회의소가 트럼프 행정부에 제출한 행동 청사진은 중국 기업들이 기술 이전을 통해 미국 기업으로부터 얻은 이점을 악용하고 있다고 명시적으로 항의했으며, 제3국 시장에서 미국 기업과의 경쟁을 그 사례로 들었다. 학자와 미국 기업 대표들로 구성된 2021년 미국외교협회의 일대일로 태스크포스는 "일대일로는 중국 기업에 부당한 혜택을 제공해 미국 및 기타 외국 기업들이 다수의 일대일로 참여 국가들에서 경쟁할 수 없게 만들고 있다"고 결론 내렸다.[13] 이들이 발간한 보고서에 명시된 일대일로 참여 국가들에서 중국의 경쟁 업체에게 밀려난 회사들로는 페이팔Paypal과 같은 전자결제 업체를 포함해 건설 회사, 엔지니어링 업체, 독일, 일본과 같은 미국 동맹국들의 철도 장비 제조 업체 등이 있다. 이렇게 미국과 중국 기업 사이의 자본 간 경쟁은 중국 국내 시장에만 국한되지 않고 글로벌 경쟁으로 확대되었다.

2.

남반구에서의
신新종속

중국의 다른 개발도상국으로의 자본 수출은 중국 국내 정치경제의 필요를 충족시키기 위한 것이지만, 이 지역에 중국의 진출이 미친 영향은 다양하다. 중국은 개발도상국들에게 상품 수출을 위한 새롭고 확대되는 시장 및 자본의 원천으로서 기회를 제공하기도 하지만, 다른 한편으로 많은 개발도상국에게 종속의 원천이 되기도 한다.

독립적인 발전을 추구하는 많은 정부는 원자재 수출에 대한 의존을 줄여나가며 산업화를 달성하는 것을 장기간의 우선적인 목표로 삼았다. 개발도상국은 (국내 산업의 성장을 촉진하기 위해 외국 제품의 수입을 억제하는) 수입 대체 산업화 혹은 (세계 시장에서의 판매를 위해 자국의 공산품에 보조금을 지급하고 판촉하는) 수출 지향적 산업화를 통해 이를 달성하려 했다.[14] 중국의 부상은 많은 개발도상국의 그런 노력을 가로막았다.

석유, 원료, 농산물 및 기타 많은 원자재 상품에 대한 중국의 수요가 급증함에 따라 세계 원자재 가격이 오르고 원자재 수출업자들의 이익도 늘어났다.[15] 또한 원자재 수출국의 수익 증가는 채굴 산업과 농업 기업의 확장으로 이어졌고, 이 국가들의 경제에서 원자재 수출 비중을 줄이기 위해 고안된 발전 정책은 무력화되었다. 일례로 브라질에서 대두 재배에 쓰인 토지 면적은 1990년에서 2005년 사이에 두 배가 되었다. 이는 환경적으로 민감한 아마존 유역 깊숙이 농지를 개발하는 것으로 이어졌다. 2000년대 초반 브라질 대두 수출의 42.7퍼센트를 차지했던 중국의 수요는 이러한 대규모 토지 개발을 추동했다. 2018년 미중 무역 전쟁으로 인해 더 많은 중국의 수입업자가 브라질에 의존하게 되었고 이 점유율은 80퍼센트까지 치솟았다. 아르헨티나에서는 중국 회사들이 대두 상품 사슬의 양 끝을 장악하게 되면서 일반적으로 통합적인 상품 사슬이 선진국 시장에 상품을 제공하는 경우보다 경제의 수입 분배 구조를 더 많이 왜곡시켰다.[16]

칠레 및 기타 라틴아메리카 국가의 구리 광산업도 같은 기간에 크게 확장되었다. 2000년과 2006년 사이에 라틴아메리카의 구리 수출은 237.5퍼센트 증가했다. 이렇게 증가한 생산분은 대부분 중국으로 수출되었다. 2016년 칠레 구리 수출의 67퍼센트, 페루 구리 수출의 73퍼센트가 대중국 수출이었다.[17] 아프리카에서도 동일한 현상이 많이 일어났다. 비록 중국의 최근 경기 둔화는 원자재 수출에 타격을 입히기는 했지만, 잠비아와 같이 금속 광물이 풍부한 국가들에서 중국이 주요 시장이 되면서 채굴 부문은 호황을 누렸다.[18]

비록 중국이 원자재 부문의 성장에는 도움이 되지만, 중국의 저비용의 효율적인 산업은 개발도상국 전반에 걸쳐 제조업 부문에 압박을 늘리고 있다. 일각에서는 1990년대 중국의 수출 지향적 제조업이 시작된 것, 특히 1994년 수출 진작을 위한 중국 통화의 일회성 평가절하는 말레이시아와 타이 같은 다른 아시아 수출국의 경제적 어려움에 영향을 미쳤으며, 1997~1998년의 아시아 금융위기로 가는 길을 닦았다고 주장한다.[19] 중국의 제조업 수출은 라틴아메리카의 산업, 특히 멕시코에 이와 유사한 압력이 되었다.[20]

중국 호황의 결과로 원자재 수출 부문 확대와 국내 산업에 대한 경쟁 압력의 상승이 복합적으로 작용하면서 개발도상국들에서 천연자원 수출에 대한 의존도가 다시 올라가고 탈산업화의 여건이 조성되었다. 이러한 변화가 개별 개발도상국들의 장기적인 발전 전망에 얼마나 피해를 입힐 것인지 아니면 얼마나 득이 될 것인지, 그리고 소위 '자원의 저주'를 불러올 것인지 여부는 각 국가의 내부 정치경제에 달려 있었다.

많은 라틴아메리카 국가의 광산업 부문은 국영 기업이 지배하거나 정부에 의해 엄격하게 규제되고 있기 때문에 이 국가들은 중국과의 협상에서 가격과 생산량에 대해 어느 정도의 레버리지를 가질 수 있으며, 광산업에서의 수익을 더 생산적인 투자에 투입할 수 있다. 이와는 대조적으로 대부분의 아프리카 국가는 경쟁력을 갖춘 국내 광업 기업이 부족하고 자원 채굴을 외국 기업에 의존하고 있다.[21] 많은 경우 중국 국유 기업들은 종종 다른 초국적 광업 기업과 암묵적인 협력관계를 맺고 광산에서 원자재를 선적하는 항구에 이르기까지 전체 상품 사슬을 소유하고 운영한다. 아프리카 정부는 중국 파트너들과 협상하기에 훨씬 더 불리한 위치에 있으며, 중국 업체들은 해당 국가의 경제, 사회 및 환경에 대한 장기적 영향을 고려하지 않고 단기적인 이익 극대화에 집중할 수 있다.[22]

2009~2010년 중국의 경기부양책은 국내 인프라 건설 붐으로 이어졌다. 이로 인해 개발도상국 전반에 걸쳐 원자재 수출업체에 이익이 되는 원료에 대한 세계적 수요 급증이 발생했다.[23] 중국발 수요는 브라질에서 잠비아에 이르기까지 많은 원자재 수출 국가가 2008년 글로벌 금융위기로 인한 최악의 영향에서 벗어날 수 있었던 주된 원인이다. 2010년 이후 중국의 건설 붐이 지지부진해지자 원자재 수요는 감소했고, 그동안 중국 호황을 누렸던 많은 원자재 수출 국가는 경기 둔화, 심지어 불황을 겪어야 했다. 2010년대 브라질과 베네수엘라의 경제위기가 대표적인 사례라고 할 수 있다. 그리고 앞서 살펴봤듯이 중국 경제도 동시에 과잉생산 능력과 경기 침체로 인해

어려움을 겪기 시작했다. 이러한 맥락에서 다른 개발도상국들의 인프라 건설 프로젝트에 자금 지원을 위해 개발 차관을 제공하고, 이후 중국 업체를 고용하며 중국 자재를 조달하는 것이 점점 더 중요한 중국의 자본 수출 형태가 되었다.[24]

한 국가가 중국으로부터 빌려온 부채가 증가하면 보통 큰 무역 적자가 발생한다. 파키스탄은 그런 상황과 관련된 대표적인 사례다. 세계은행 데이터에 따르면, 파키스탄은 2010년 이후 중국-파키스탄 경제회랑CPEC과 연계된 항만 및 도로 건설 프로젝트에 자금을 조달하기 위해 중국에 많은 부채를 졌으며, 2019년 현재 중국 공식 차관을 가장 많이 보유한 국가다. 중국 차관이 급증하자 중국으로부터 파키스탄의 기계 및 건설 자재 수입도 늘어났다. 이에 따라 파키스탄의 대중국 무역적자도 급증했다. 2018년 파키스탄은 국제수지 및 외환 위기에 빠졌고, 정부는 IMF에 긴급 대출을 요청했다. 많은 사람이 이 경제위기는 파키스탄이 중국과의 부채 주도 경제회랑 건설에 깊이 관여했기 때문이라고 보고 있다.[25]

중국 차관으로 인한 무역적자 외에도 부채 주도 인프라 건설 호황의 지속 가능성은 또 다른 우려 사항이다. 개발도상국에 대한 중국의 인프라 건설 관련 대출은 2009~2010년 중국 국유 은행들이 지방 정부와 국유 기업에 고정 자산 투자를 밀어붙일 수 있도록 자금 지원을 하기 위해 대출의 수문을 열었던 국내 경기부양책의 외부화라고 할 수 있다. 이러한 투자의 대부분은 산업 부문의 과잉생산 능력을 야기했고 수익성이 발생하지 않았기 때문에 대출은 지속 가능하지 않았으며, 지방 정부와 국유 기업 사이에 부채의 시한폭탄이 되었다.[26] 중국 정부가 대출 상환 연기, 탕감, 재정 투입 등을 통해 채무불이행 위기에 처한 국유 부문 채무자들을 구제함으로써 국내의 부채 위기는 방지할 수 있었지만,[27] 이 해결책은 개발도상국의 해외 채무자들에게는 실행 불가능한 것이었다. 채무불이행 리스크를 고려해 다수의 중국 해외 차관에는 담보물에 대한 조건이 포함되어 있어서 채무불이행 시 중국이 전략 시설을 장악할 수 있었다. 일례로 스리랑카 정부는 인도양의 분주한 항로를 감독하는 연해 전략 도시인 함반토타에 새로운 항구를 건설하기 위해 중국의 차관을 받아 중국 건설업체와 계약했다. 이 항구는 2010년 개항 이후 계속해서 적자를 냈다. 스리랑카 정부는 결국 채무불이행을 선언했고, 2017년 중국의 국유 운영 업체가 향후 99년 임대로 항구의 통제권을 장악했다.[28]

함반토타항의 사례가 예외인지 통례가 될 것인지 판단하기에는 아직 이르지만, 이 사례는 이미 경각심을 불러일으켰다. 그리고 중국 차관이 상환 불가능하지는 않더라도 상환을 어렵게 만드는 방식으로 설정되지는 않았는지 여부, 중국의 진정한 의도가 개발도상국들이 중국 금융에 의존하게 만들어 차관을 사용하게 하고 해당 국가의 전략 시설을 장악하는 것이었는지 여부에 대한 많은 논쟁을 불러일으켰다.[29] 이러한 전략 시설의 대부분이 지정학적 요충지에 위치해 있기 때문에 일각에서는 이것이 결국 중국이 본토에서 멀리 떨어진 군사력을 투사하는 발판이 될 것이라고 추측하기도 한다. 이러한 측면들은 중국을 새로운 제국적 강대국으로 만들고 있는 중국의 자본 수출의 지정학적 함의를 숙고하게 만든다.

3.

후기 제국주의와
그 불만들

    아시아를 비롯해 그 너머까지 중국의 경제적 힘이 늘어나면 베이징 당국은 자연스럽게 경제적 영향력을 활용해 지정학적 영향력을 높이려고 할 것이다. 중국이 아시아 이웃 국가들을 상대로 행동하는 방식은 중국이 다른 지역들과 어떻게 상호작용할 것인지를 보여주는 전조일 수 있다. 중국의 제국적 전환, 즉 국가의 공식적 또는 비공식적 정치권력이 주권이 미치는 국경을 넘어 투사되는 것은 그다지 놀라운 일이 아니다.

    중국의 경제적 부상과 냉전의 종식으로 인해 중국은 아시아의 현 정부들과 함께 근대 이전의 중국 중심 질서를 닮은 새로운 중국 중심 질서를 추구할 수 있게 되었다.[30] 아시아 지역에서 부국이든 빈국이든 모두 점점 더 중국 중심의 생산 네트워크로 통합되고 중국의 투자와 대출에 의존하게 되면서 중국이 경제 관계를 축소하겠다는 위협을 외교 무기로 사용하고 있음을 목도하는 중이다. 예를 들어 중국은 동남아시아 국가 및 일본과의 영토 분쟁에서 자신의 주장을 강화하기 위해 경제적 영향력을 사용하겠다고 위협하거나 심지어 이를 사용하는 것을 주저하지 않는다. 그러나 이 지역에 미국이 지속적으로 관여하면서 다른 아시아 국가들은 중국의 경제적, 정치적 영향력에 균형을 맞출 수 있게 되었다. 불완전한 민주주의와 군부 독재 사이에서의 진동, 미국과 중국 사이에서 미얀마의 불안정은 부분적으로 이 지역을 둘러싼 미중 경쟁의 결과라고 할 수 있다.[31]

싱가포르, 한국, 필리핀, 타이완, 베트남 및 그 외 많은 아시아 국가도 중국과의 경제적 통합이 늘어나면서 이익을 얻는 동시에 미국과의 경제적, 정치적, 군사적 유대관계를 강화했다. 이 아시아 국가들은 중국과 미국이 세력 경쟁을 벌이는 전쟁터가 되었다. 남아시아와 중앙아시아에서도 비슷한 역학관계를 볼 수 있다. 예를 들어 2015년 스리랑카 대선에서 야당 후보인 마이트리팔라 시리세나는 반反중국 공약으로 출마해 중국이 자금을 지원하고 건설한 많은 대규모 인프라 프로젝트를 승인했던 재선의 마힌다 라자팍사 대통령을 누르고 승리했다. 대선 이후 다수의 중국 프로젝트가 새 정부에 의해 연기되거나 재검토되었다. 2019년 대선과 2020년 총선에서는 마힌다 라자팍사와 그의 동생이 승리해 재집권했다. 중국이 지원하는 사업이 다시 탄력을 받으면서 스리랑카가 중국 쪽으로 다시 기울어질 것으로 예상되고 있다.[32]

파키스탄에서 많은 지방 엘리트는 중국 프로젝트를 중앙의 군사 엘리트들이 자신들의 지역과 자원에 대한 장악력을 강화하는 것으로 간주하고 있다.[33] 이 프로젝트들과 관련된 중국인 인력들은 지역 반군 집단의 표적이 되었다. 2017년 파키스탄 정부는 중국이 자금을 대는 140억 달러 규모의 디아머-바샤 댐 프로젝트를 취소하면서, 그 이유로 새로운 댐과 기존 댐을 대출 담보로 제공하는 것과 관련된 가혹한 대출 조건을 언급했다. 이어서 파키스탄은 중국-파키스탄 경제회랑으로 촉발된 국제수지 위기에 대처하기 위해 IMF에 긴급 대출을 요청했다. 이에 IMF는 대출 조건으로 파키스탄에 "중국에 대한 무역과 상업 의존을 줄여달라"고 요청했다.[34]

네팔은 2017년 중국 기업인 거저우바 그룹葛洲壩集團과 25억 달러 규모의 수력발전소 건설 계약을 취소했다. 네팔 정부는 취소 이유로 입찰 과정에서의 비리와 부패를 들었다. 2018년 말레이시아의 야당은 현 정부가 일대일로를 통해 중국에 협력하고 있는데, 이는 말레이시아의 국익을 해친다고 비난하며 반부패 공약을 내걸었다. 놀랍게도 야당은 선거에서 승리했고 집권 이후 중국과의 주요 일대일로 사업들을 재협상했다.[35] 필리핀의 포퓰리스트 대통령 두테르테는 끊임없이 미국에 군사적 협력관계를 단절하겠다고 위협하면서 중국으로 충성의 대상을 바꿨지만 국내 압력을 견디지 못하고 영토 분쟁에서 중국의 영유권 주장을 부정하는 등 강경한 입장을 취해야 했다.[36]

점차 늘어나는 경제적 우위를 활용해 지정학적 영향력을 확대하려는 중국의 노력은 아시아에만 국한되지 않는다. 아프리카는 중국의 영향력이 급속히 늘어나고 있는 또 다른 지역이다.[37] 많은 아프리카 국가는 타이완의 지위와 달라이 라마 방문과 같은 정치적 문제에 있어 중국의 입장을 지지함으로써 중국과 좋은 관계를 유지하기 위해 신경을 썼다. 그러나 노동 쟁의가 때때로 유혈 사태로 번지고 중국 기업이 연루된 부패 혐의가 커지자 아프리카 내에서 '중국 식민주의'에 대한 우려가 나오기 시작했다. 아프리카 대륙 전역의 여러 야당은 자국의 이익을 희생시켜 중국의 요구를 충족시키는 현 정부들을 공격함으로써 중국의 진출에 대한 대중의 분노를 이용하기 시작했다. 2011년 잠비아 선거에서 야당은 반중 캠페인을 벌였고 여당을 성공적으로 밀어냈다.[38] 아프리카에서 중국의 영향력 확대에 대한 우려가 커지면서 중국과 긴밀한 관계를 맺고 있는 여러 정부가 이 문제를 다루지 않을 수 없는 상황에 이르렀다. 2013년 3월 남아프리카공화국 더반에서 개최된 BRICS 정상회담 직전, 중국 차관에 가장 많이 의존해온 아프리카 국가 중 하나인 나이지리아 중앙은행 총재는 『파이낸셜타임스』에 다음과 같이 말했다. "아프리카는 중국을 받아들임으로써 새로운 형태의 제국주의에 스스로를 열어주고 있다. (···) 중국은 우리에게서 원자재를 가져가 다시 우리에게 공산품을 판다. 이것은 식민주의의 본질이기도 하다."[39]

　라틴아메리카에서도 비슷한 역학관계가 작동하고 있다. 오바마 행정부 시절 미국과 브라질의 관계 개선이 이런 변화를 잘 보여준다. 브라질은 중국의 수요가 이끈 자원 호황에서 큰 이익을 얻었지만, 상당한 규모의 환경 비용이 발생했다. 중국의 중상주의적 무역 및 통화 정책 의혹에 대한 산업계의 반발은 브라질에서 중국의 영향력을 견제했으며, 이들은 WTO에서 중국의 환율 조작에 대한 미국의 제소를 지지했다.[40] 중국이 브라질을 사들이고 있다고 비난하고 국가 안보의 위협으로 규정한 자이르 보우소나루의 2018년 대선 승리가 중국-브라질 관계를 어떻게 바꿔나갈지는 미지수다. 2021년 페루 대선에서는 강경 좌파 후보인 페드로 카스티요가 대부분 중국 회사인 외국 광산업체를 신식민주의적이라고 규정하고 이 업체들과의 광산권 재협상과 새로운 세금 부과를 공약으로 내걸었으며, 근소한 차이로 승리했다.

　한때는 중국의 든든한 동맹국으로 여겨졌던 라틴아메리카 국가들도 이제는 때로 베이징 당국의 뜻에 반하는 행동을 하기도 한다. 베네수엘라가 그러한 사례 중 하나다. 이제는 고인이 된 사회주의자 대통령 우고 차베스가 베네수엘라 석유의 주요 소비국인 미국과 관계를 단절했을 때, 그는 미국을 대체할 수 있는 시장과 정치적 지원의 원천으로서 중국에 눈을 돌렸다. 중국은 앞서 언급했듯이 석유에 대한 대가로 차관을 제공했다. 유가 하락으로 베네수엘라 경제가 심각한 위기에 빠지자 차베스의 후임인 니콜라스 마두로 정부는 차관 상환을 위해 배정된 석유의 선적을 미루고 대신 국제 시장에서 현금을 받고 석유를 팔기 시작했다. 그 후 많은 중국 회사가 건설 프로젝트를 끝내지 못한 채 베네수엘라를 떠났다. 마두로는 중국 차관을 더 확보하는 데 어려움을 겪자 2017년부터 다시 월가에서 금융 지원을 받으려 했다.[41]

중국의 개발도상국들로의 경제적 확장은 이런 문제들로 인해 제약을 받았다. 시진핑이 일대일로를 자신의 특별한 프로젝트로 발표한 이후 중국의 일대일로 참여 국가로의 자본과 물자 수출은 급격히 증가했다. 그러나 앞서 [그림 9]의 중국의 대외 차관 및 대외 FDI 지출 통계에서 보듯이 중국의 자본 수출 성장세는 2016년부터 크게 감소했다.[42] 광범위한 세력권을 보유한 주요 자본 수출국이 되려는 중국의 야심찬 시도를 가로막는 걸림돌은 금융적인 것만큼이나 지정학적인 것이기도 하다. (인도, 네팔, 스리랑카의 사례에서 볼 수 있듯이) 중국의 투자와 차관을 받는 개발도상국들은 항상 미국과 다른 강대국들에게도 의지할 수 있었다. 이런 상황은 중국의 영향력 확장을 가로막았다. 중국이 이 난관을 극복하려면 세계 금융 및 지정학적 질서에서 미국의 지배력을 극복해야만 한다.

4.

미국 제국에 대한
도전

달러의 기축통화 지위, 브레튼우즈 협정으로 만들어진 다자간 경제 기구, 미국의 글로벌 군사 우산이 지배적인 상태를 유지하는 한 중국의 지정학적 영향력의 투사는 제한적이다. 중국이 자신의 세력권의 궤도 안으로 흡수하려 했던 나라들은 종종 중국의 영향력 증대를 견제하기 위해 미국에 의존할 수 있다. 베이징 당국은 이러한 난관을 잘 알고 있으며, 미국과 경쟁할 수 있는 달러에 버금가는 글로벌 통화 시스템, 다자간 기구, 안보-군사 부문에서의 하드 파워를 만들어낼 방법을 모색하기 시작했다.

중국이 수출 지향적 제조업 강국으로 부상한 것은 달러에 의존했기 때문이다. 중국의 수출은 그 이전 시기 일본과 동아시아 네 마리 호랑이와 마찬가지로 대부분 미국 달러로 청구되고 수입 대금도 달러로 지불된다.[43] 중국이 미국 재무부 채권을 구입하는 것으로 외환보유고를 재환류시키는 것은 달러 본위와 미국 주도의 글로벌 금융 구조를 유지하는 데 도움이 된다. 하지만 2008년 미국에서 시작된 글로벌 금융위기는 달러의 신뢰성을 크게 훼손시켰으며, 중국은 자신의 달러 의존에 대해서 재고하게 되었다.

2008년부터 중국은 위안화의 국제적 사용을 장려하면서 중국의 대외 무역과 투자 유출입이 달러 대신 위안화로 점차 정착될 수 있기를 바랐다. 위안화의 국제화에 있어 가장 큰 문제는 중국 공산당이 중국의 자본 계정 자유화를 위한 금융 시스템 통제권을 절대로 포기하지 않을 것이기에 위안화는 자유태환통화가 아니라는 점이다. 위안화의 불태환성은 위안화에 대한 세계 수요를 위축시킨다. 베이징 당국의 해결책은 홍콩에 자유롭게 태환이 가능한 역외 위안화 시장을 구축하는 한편, 향후 위안화의 궁극적인 자유태환을 약속하는 것이었다.[44] 위안화의 국제적 사용은 2008년 글로벌 금융위기 이후 몇 년 동안 크게 증가한 것으로 나타났지만, 여전히 미국 달러는 고사하고 유로의 국제적 사용에도 한참 뒤처져 있다. 앞서 살펴봤듯이 2015년 중국의 경제 둔화, 과잉생산 능력, 부채 거품 등으로 인한 금융 붕괴 및 위안화의 급격한 가치 하락으로 중국은 자본 유출을 막기 위해 외환 통제를 다시 강화해야 했다. 이 혼란의 여파로 베이징 당국은 금융 안정을 우선시했고 위안화의 국제화는 뒷전으로 밀렸다. [그림 12]에서 볼 수 있듯이 오늘날 중국의 무역 및 해외 투자의 대부분은 여전히 달러화로 표시되며, 압도적으로 역외 대출이 많다.[45]

달러에 대한 의존도를 낮추기 위해 위안화 블록을 만들려는 베이징 당국의 시도는 지금까지 무의미했다. 하지만 2008년 글로벌 금융위기 이후 위안화의 국제화를 적극적으로 추진한 것은 미국의 패권에 도전하려는 중국의 의도를 드러낸 것이었다. 미국은 이러한 중국의 의도를 경계했다. 2019년 미국 의회 보고서는 위안화의 국제화가 여전히 일정한 모멘텀을 유지하고 있다고 주장했다. 이는 미국 주도의 국제결제망인 SWIFT 시스템으로부터 독립된 중국 주도의 위안화국제결제시스템[CIPS]의 창설 및 급속한 성장과 맞물려 미국 주도의 금융 체제에 도전하는 중국 주도의 글로벌 금융 체제를 만드는 잠재력이 될 수 있다. 이 금융 체제는 북한, 시리아, 러시아, 이란 등 미국의 금융 제재 대상 국가들에 생명줄이 될 수 있다.[47]

중국은 달러 체제에 버금가는 글로벌 통화 시스템을 구축하려 시도하는 것 외에도 다자간 기구를 설립해 다른 개발도상국들에 양자간 경제 협정으로 진출하는 것에 대한 반발을 줄이려 노력하고 있다. 이는 개발도상국들에 대한 중국의 경제적 확장을 다자간 합의로 포장해줄 수 있다. 2015년 봄에 아시아인프라투자은행[AIIB]을 설립해 중앙아시아, 남아시아, 동남아시아의 인프라 건설 프로젝트에 자금을 지원한 것은 이러한 접근 방식의 중요한 진전이었다. 2017년

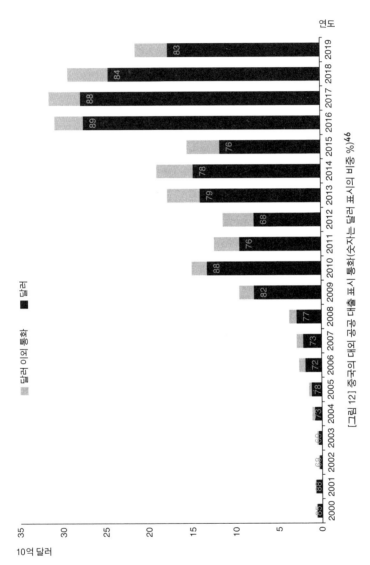

[그림 12] 중국의 대외 공공 대출 표시 통화(숫자는 달러 표시의 비중 %)[46]

12월 기준으로 AIIB의 회원국은 70개국으로, 일부 유럽 국가를 포함해 아시아 지역 내부에서 44개국, 외부에서 26개국이다. AIIB의 자본금은 앞으로 1000억 달러에 달할 전망이며, 중국이 약정한 기여금은 500억 달러에 이른다. 그러나 2019년 말까지 AIIB가 설립 4년 동안 약정하고 지출한 총 대출은 각각 84억 달러와 29억 달러에 불과했으며,[48] 이는 연간 100억~150억 달러를 대출할 것이라는 초기의 기대에는 크게 못 미쳤다.[49] 오바마 행정부가 AIIB 불참을 결정하면서 개발도상국에 대한 다자간 국제금융 기구의 대출을 둘러싼 미국과 중국의 경쟁은 뚜렷해졌다. 미국은 AIIB 가입을 거부하면서 2018년 AIIB에 대한 대응으로 지출 한도를 600억 달러까지 확대한 국제개발금융공사IDFC, International Development Finance Corporation를 설립했다.[50]

중국의 양자간 개발 원조가 잘 작동했다면 새로운 다자간 은행을 만들 필요가 없었을 것이다. 중국은 대출 대상 국가와 대출 조건을 완전히 통제할 수 있기 때문에 단독으로 대출을 해줄 수도 있다. 하지만 AIIB와 같은 다자간 은행을 통한 대출은 중국의 거부권에도 불구하고 다른 이해관계자들도 발언권을 갖고 있기 때문에 중국은 행동의 자유를 제약받는다. 더욱이 중국은 AIIB의 최대 출자국임에도 불구하고 기존 다자간 금융 기관의 기준을 따라야 한다. 중국이 이러한 다자간 기구를 출범시키거나 지원하려고 노력하는 것은 차관 조건을 결정할 수 있는 권력 일부를 희생해 다른 개발도상

국들에 차관을 확대하는 데서 발생하는 리스크를 다각화하려는 시도라고 할 수 있다.[51]

AIIB가 달러 대신 위안화의 국제적 사용을 촉진하는 수단이 될 것이라는 예측과는 달리 AIIB는 위안화 대출 수요가 여전히 미미한 탓에 거의 모든 대출을 달러로 해줄 수밖에 없다.[52] AIIB가 약정하거나 지출한 대출 총액은 초기 기대치에 훨씬 못 미쳤지만 대출의 대부분은 세계은행 및 아시아개발은행과 같은 미국 주도의 다자간 기관과의 협력을 통해 공동 대출로 이뤄졌다.[53] 기존 다자간 은행과 이러한 공동 사업을 진행하면서 AIIB는 자금 지원 프로젝트의 리스크를 평가하고 부담하는 데 있어 기존 은행의 전문성에 의존하고 있다.

다른 개발도상국에 영향력을 행사하려는 중국의 시도가 직면한 또 다른 문제는 내재된 안보 리스크와 커다란 참여 비용이다. 점점 더 많은 중국의 자금, 인력, 주요 생산 시설이 여러 개발도상국으로 배치되고 있는데, 이 나라 중 상당수가 불안정하고 대중에게 인기 없는 정권이 통치하고 있기에 중국이 이를 보호해야 하는 압력이 증가하고 있다. 실제로 정세가 불안한 지역들에서 중국 시설에 대한 사보타주나 중국인 납치가 점점 늘어나고 있다. 보도에 따르면, 중국인은 아프리카에서 테러리스트와 반군 세력의 납치 1순위가 되었고 중국 시설은 배상금을 요구하려는 가장 값비싼 목표가 되고 있다.[54] 중국의 진출을 새로운 제국주의적 침략으로 간주하는 무장 단체와 테러 단체들도 정치적 이유로 중국 인력과 시설을 타깃으로 삼는다.[55] 2018년 파키스탄 카라치의 중국 영사관에 대한 급진 무장 세력의 치명적인 공격이 대표적인 사례다.[56]

중국은 2013년부터 해외에서의 '핵심 이익'을 보호하기 위해 인민해방군을 배치하겠다고 공언했다.[57] 지금까지 인민해방군의 해외 작전은 대부분 UN 평화유지군 참여를 통해 이뤄졌다. 인민해방군은 또한 홍해와 아라비아해를 연결하는 국제무역에 필수적인 교통 요충지를 순찰하기 위해 지부티에 군대를 주둔시킨 미국, 영국, 프랑스의 사례를 따르기 시작했다. 그러나 미국, 유럽, 러시아에 비하면 중국의 해외 직접 군사 개입은 여전히 미미한 수준이다.

부족한 군사적 투사 능력을 보완하기 위해 중국은 해외에서 자국의 이익을 보호하는 데 국제 용병을 고용해왔다. 2014년 이라크에서 악명 높았던 보안 회사인 블랙워터Blackwater의 설립자이자 전前 CEO 에릭 프린스는 중국의 최대 국유 기업인 중신그룹CICTC의 자회사로 홍콩에 거점을 둔 새로운 물류 및 보안업체인 프런티어 서비스 그룹FSG의 대표로 영입되었다. FSG의 주요 사업은 아프리카 주재 중국 기업들에게 현지 보안 하청업체 네트워크를 통해 보안 서비스를 제공하는 것이다. 2016년 말 회사는 "중국의 일대일로 개발 계획에서 얻을 기회를 더 잘 활용하기 위해" 기업 전략을 조정할 것이라고 발표했다.[58] FSG는 2017년부터 베이징에서 대규모 보안 훈련 센터를 운영해왔으며, 2019년 초 신장에 또 다른 보안 훈련 센터를 건설하기 시작했다.[59] FSG 설립에서 중국이 에릭 프린스와 협력한 것은 아마도 중국이 해외 이익을 보호하기 위한 장기적인 해결책으로 삼겠다는 의도는 아니었겠지만, 현재 계속 늘어나고 있는 보호에 대한 요구는 당장 처리할 수 있게 되었다. 중국은 이미 에릭 프린스와 같은 외국인의 도움 없이 해외 주재 중국 기업에 서비스를 제공하기 위해 자체 보안업체를 만들기 시작했다. 중국보안산업그룹中安保實業集團, 화신중안그룹華信中安集團, 더웨이국제보안그룹德威國際安保集團, 중국해외보안그룹中國海外保安集團이 대표적인 사례다.

자본 수출국으로서 중국의 부상은 해외에서의 경제적 이익을 보호하기 위해 자국의 주권적 공간을 넘어 정치적, 군사적 힘을 투사할 필요성을 발견하기 전에 이미 경제적 이유로 해외에 진출했던 역사 속 다른 자본주의 강대국들의 전철을 그대로 밟고 있다. 현재 중국이 하고 있는 것은 새로운 게 아니다. 역사적으로 많은 선진국이 따랐던 비공식적 제국주의 확장의 길이다. 중국에 호의적인 많은 서구 학자가 중국이 제국화하고 있다는 개념을 부정하지만, 적어도 2004년 이후 중국 공산당 지도부가 15세기 이후 스페인, 네덜란드, 영국, 프랑스, 미국 등 역사적인 제국주의 열강들로부터 세계적인 권력 투사에 대해 배워야 할 필요성이 있다는 것에 더 솔직해지기 시작했다는 점은 아이러니하다.[60] 더 최근에는 중국에 상당한 정책적 영향력을 지닌 한 관방 학자가 중국이 영국과 미국 제국의 "기술과 업적을 흡수해" 중국 인민과 세계를 위해 독자적인 "세계 제국"을 건

설해야 한다고 명시했다.[61]

　중국의 제국적 전환은 기존의 제국적 강대국들, 그중 특히 미국의 불안을 증폭시키고 있다. 또한 중국의 영향력 확대를 자주적 발전과 주권에 대한 위협으로 보고 있는 많은 개발도상국도 우려를 내비친다. 중국의 영향력 확대를 경험하고 있는 모든 개발도상국은 이제 격화되는 미중 경쟁의 십자포화를 어떻게 피할 수 있을지 심사숙고하고 있으며, 또한 그러한 경쟁에서 이익을 얻으려 노력하고 있다. 많은 국가가 중국의 원조와 투자를 기존 미국의 영향력에 대한 실질적인 평행추로 간주하고 있으며, 그 반대도 마찬가지다. 그래서 많은 국가가 중국과 미국 사이에서 두 나라를 상대로 게임을 벌인다. 이것은 지난 세기에 우리가 목도한 제국 간 경쟁의 전형적인 역학관계라고 할 수 있다.

5장

결론: 돌아온 제국 간 경쟁

냉전이 끝난 후, 일각에서는 세계가 기존 서구 강대국들과 중화권 및 이슬람권의 경제가 점차 성장하고 있는 인구 대국들 사이의 '문명의 충돌'로 향하고 있다고 봤다.[1] 반면 또 다른 일각에서는 세계가 자유민주주의와 자유시장 아래 통합되어 더 큰 보편적 평화를 향해 나아가고 있다고 봤다.[2] 또 다른 학자들은 보편적인 글로벌 자본주의 제국이 떠오르고 있다고 판단했으며, 이 질서 안에서 주요 자본주의 강대국들이 연합해 세계를 지배하며 분할한다고 봤다.[3]

그러나 이 논쟁은 결코 새로운 것이 아니었다. 자본주의의 역사는 전쟁과 갈등으로 가득 차 있었다. 자본주의적 근대가 시작된 이래로 그 근대성이 궁극적으로 우리를 영구 평화로 이끌 것인지, 아니면 주요 자본주의 강대국들 사이의 대전쟁으로 이끌 것인지에 대한 논의가 이어졌다. 20세기로의 전환기에 기존 자본주의 강대국인 영국이 후발 주자인 독일과 일본으로부터의 도전에 직면했을 때에도 이러한 논쟁들이 있었다. 카를 카우츠키에게 19세기 말에 팍스 브리타니카가 종말로 향해 가고 새로운 자본주의 강대국들이 부상하는 것은 반드시 갈등으로 이어진다고 볼 수 없었다.[4] 카우츠키는 자본주의 열강이 세계를 분할 지배하기 위해 공동의 카르텔을 형성할 수 있다고 보는 '초제국주의' 이론을 제시했다. 1878년 베를린 회의에서의 아프리카 쟁탈전과 1900년 제국주의 열강들의 연합 중국 침공은 초제국주의가 작동한 것으로 볼 수 있다. 이러한 초제국주의 체제 속에서 강대국들은 오랫동안 서로 평화를 유지할 수 있었다.

레닌은 카우츠키의 예측에 동의하지 않고 영국의 정치경제학자 J. H. 홉슨의 분석에 기초해 강대국들이 제국주의적 확장을 통해 세계를 지배하려 할 때 서로 충돌하게 되어 있다고 주장했다.[5] 강대국 간의 협력관계는 기껏해야 갈등 사이의 일시적 휴전에 불과한 것이었다. 강대국 간의 자본주의적 발전의 속도가 불균등하다는 것을 감안할 때, 어느 시점에서든 강대국 간의 세력균형에 기초한 세계 분할은 이 균형이 바뀌면 분명히 쇠퇴한다. 이러한 세력균형의 변화로 인해 일부 강대국은 불가피하게 자원의 재분배를 추구하게 되고, 이는 필연적으로 갈등으로 이어진다. 결국 두 차례의 세계대전은 카우츠키의 초제국주의 평화론보다 강대국 간 갈등의 필연성에 관한 레닌의 이론을 입증하는 것이었다.

　냉전 종식 이후 세계질서의 구성은 여전히 유동적이지만, 1990년대 미국과 중국 사이의 공생관계가 부상했다가 최근 몇 년간 이 관계가 미중의 경쟁관계로 대체되면서 많은 사람이 두 강대국이 전쟁을 향해 가고 있는지 아니면 더 조화로운 관계로 돌아갈 것인지에 대해 질문을 던지고 있다. 이 책에서 나는 국제정치에 대한 마르크스주의 및 베버주의적 관점의 통찰력을 빌려와 1990~2010년 즈음까지의 미중 공생과 2010년 이후 미중 경쟁의 경제적, 지정학적 기원을 밝히려 했다.

　2장에서는 1970년대 이후 미국 기업들이 수익성 위기에 대한 해결책으로 지구화를 추진해왔다는 것을 살펴봤다. 1990년대 초반 미국 기업들은 탈냉전 세계에서 중국을 새로운 경쟁자로 간주하는 외교 정책 엘리트들의 경향에도 불구하고 중국과의 무역 자유화를 옹호했다. 1990년대 초 미중 무역 자유화를 위해 로비하려는 미국 기업들의 노력은 주로 베이징 당국이 미국 기업을 동원해 자신의 대리 로비스트로 만들려는 노력에서 비롯되었다. 이 무역 자유화는 2001년 중국의 WTO 가입으로 가는 길을 닦았으며, 2000년대 초반 차이메리카의 전성기가 도래할 것을 예고했다.

　1990년대에 걸쳐 미국의 많은 외교 정책 엘리트는 중국과의 갈등을 전망해왔다. 남중국해에서 중국과 미국의 동맹국들 간에 소규모 충돌이 증가하고, 북한과 파키스탄의 핵 확산에 중국이 기여하고 있다는 것에 대한 우려가 높아졌으며, 권위주의적인 중국이 아시아에서 미국의 패권에 위협을 가하고 있다는 관념이 자리 잡았다. 그레이엄 앨리슨의 투키디데스의 함정 논의에 따라 기존 강대국과 부상하는 신흥 강대국 사이의 '강대국 간 경쟁'이 등장하는 것으로 보였다. 그러나 실제로는 월가가 주도하는 기업 부문이 중국과 더 우호적인 관계를 구축하기 위해 노력했기에 양국의 전반적인 관계는 지속적으로 개선되었다. 1990년대 미중 관계의 이러한 발전은 초국가적인 경제 연계의 중요성을 간과한 투키디데스의 함정 테제의 한계를 보여준다. 2000년대 들어서 미국이 중앙아시아와 서아시아에서 테러와의 전쟁에 전념하게 되면서 워싱턴의 외교 정책 엘리트들은 동아시아 안보에 있어서 베이징 당국과 더 협력적인 관계를 모색하게 되었다. 기업의 이익과 지정학적 이해관계가 우호관계 쪽으로 일치하면서 차이메리카 체제는 공고해졌다.

　미국과 중국의 공생관계의 정점에서 미국 기업과 중국 사이에 균열이 일어나기 시작했다. 중국 내 미국 기업의 존재감이 커지면서 중국의 시장 접근 약속 불이행과 지식재산권 침해 사례에 대한 불만도 증가했다. 처음에는 이런 갈등이 다소 억제되었다. 3장에서 살펴본 바와 같이, 2008년 글로벌 금융위기와 2009~2010년 중국의 국유 부문의 초대형 경기부양책의 여파로 중국에서 미국 기업들이 직면한 비즈니스 환경은 크게 악화되었다. 중국 기업들은 경기부양책의 효과가 점차 잦아들면서 과잉생산 능력과 수익성 위기에 직면했다. 국가의 규제 및 재정 지원으로 중국 기업들은 중국 시장에서 미국 기업의 시장 점유율을 차지해나가고 미국 기업의 기술을 도용하는 데 더 공격적으로 나섰다. 상황이 이렇게 되자 중국의 이익을 위한 대리 로비스트였던 다수의 미국 기업이 이제는 반대로 중국에 대한 더 공격적인 정책을 요구하는 로비스트로 변모했다. 미국 기업들은 2010년대 미국이 테러와의 전쟁에서 빠져나오면서 서태평양에서 중국과의 경쟁으로 관심을 돌린 외교 정책 엘리트들이 주장한 대립적 정책을 상쇄시키려는 노력을 더 이상 하지 않았다. 중국 시장에서 미국과 중국 사이의 자본 간 경쟁이 늘어나면서 중국에 대한 미국 기업의 성향과 외교 정책 엘리트들의 성향이 적대적인 방향으로 일치하게 되었다.

중국에 대한 미국 기업의 이해관계 및 지정학적 이해관계가 어떻게 일치하고 대립해왔는지는 [표 4]에 정리되어 있다. 미국이 중국과 지정학적 협력관계일 때 미국 기업이 중국 기업과 경쟁하는 시기

〔표 4〕 미중 관계에서 외교 정책 엘리트들과 기업의 성향

		외교 정책 엘리트들의 성향 (베버주의적 지정학적 이해관계)	
		협력	경쟁
기업의 성향 (마르크스주의적 경제적 이해관계)	협력	2000년대 미중 관계	1990년대 미중 관계
	경쟁	미국-유럽 관계	2010년대 미중 관계

는 없었다(하단 왼쪽). 하단 왼쪽에는 미국-유럽 관계나 혹은 그 대신 미국-일본 관계를 넣어볼 수 있다. 미국이 북대서양조약기구 NATO와 미일 안보조약에 따라 유럽 및 일본과 공식적인 동맹관계를 맺고 있음에도 불구하고 미국 기업들은 항상 유럽과 일본 기업을 경쟁자로 여겼다. [표 4]에 따르면 미국의 지정학적 이해관계가 대부분 중국과 충돌해온 반면, 미국 기업의 이해관계는 상황에 따라 달랐다. 기업의 이해관계와 지정학적 이해관계가 적대적인 방향으로 일치할 때만 워싱턴 당국은 중국에 대해 더 적대적인 태도를 취했다. 중국에 대한 미국 기업의 이해관계가 상황에 따라 달랐던 것은 결국 중국의 정치경제가 변화한 결과라고 할 수 있다. (마르크스주의적 관점에서 정의한) 자본의 경제적 이해관계와 (베버주의적 관점에서 정의한) 국가의 지정학적 이해관계는 미중 관계를 형성하는 데 있어 모두 중요하다.

앞서 4장에서 살펴봤듯이 중국 기업은 국내 시장에서 외국 기업을 압박하는 것 외에도 국가의 지원을 받아 다른 나라에 과잉자본을 수출해 자신들의 과잉생산 능력을 극복하고자 했다. 자본 수출에 대한 중국의 열망은 일대일로의 시작을 강조하고 있다. 일대일로는 중국 상품과 건설업자들에게 광대한 새로운 시장을 제공했다. 중국 기업과 미국 기업과의 경쟁은 주로 전통적인 미국의 동맹국이었던 일대일로 참여국들로 확대되었다. 중국은 이제 중국의 해외 투자를 보호하기 위해 지정학적 힘을 투사해야만 한다. 중국은 미국에 맞서 세력권을 구축하면서 기존 지정학적 강대국인 미국과 정면으로 충돌하게 되었다.

요컨대 미국과 중국 자본주의의 불균등 발전이 결합되면서 두 나라 사이의 자본 간 경쟁으로 이어졌다. 이 자본 간 경쟁은 중국을 지정학적 상대로 상정하려는 워싱턴 당국의 경향을 촉발시켰으며, 차이메리카 체제를 무너뜨리고 아시아와 그 외 지역에서 미중 경쟁 관계를 야기했다. 이러한 미중 경쟁의 격화는 레닌이 이전에 논의했던 20세기 초 영국과 독일 간의 갈등과 유사하다. 20세기로의 전환기에 독일은 자본 수출을 위한 판로와 해외 시장을 찾아야 하는 주요 자본주의 강대국이 되었다. 영국처럼 공식적인 식민지가 많지 않았던 터라 독일의 자본 수출은 해외 직접 투자가 아니라 중부 및 남부 유럽과 라틴아메리카의 인프라 건설 프로젝트(주로 철도 건설)를 지원하기 위한 독일 은행의 대출로 주도되었다. 독일의 대출을 받은 국가는 프로젝트를 위해 독일 제품을 조달해야 했다. 독일의 은행가들은 중부 유럽과 라틴아메리카에 대한 대출에서 영국 및 프랑스 은행들과 경쟁했다.[6] 빌헬름 2세가 제안한 베를린-바그다드 철도 사업은 독일 기업의 이익과 지정학적 야심을 채우기 위해 독일이 지원하는 인프라 건설 프로젝트 중 하나였다. 이 프로젝트는 독일, 오스트리아-헝가리 제국, 오스만 제국을 연결하고 당시 세계의 주 에너지원이 석탄에서 석유로 전환하는 중이었기에 점차 중요한 지역이 되고 있었던 근동에서 영국과 러시아 세력권에 끼어드는 것이었다.

이 철도는 세르비아를 제국 간 경쟁의 진원지로 만들어 제1차 세계 대전의 발발에 상당한 영향을 미쳤다.[7]

제1차 세계대전 이후 독일은 중부 및 남부 유럽에서 라이히스마르크 사용을 늘리고 이 지역 국가들 사이에 영국의 파운드화 대신 라이히스마르크 블록을 만들어 독일 자본 수출을 촉진시켜 자국 통화를 국제화하려고 했다.[8] 처음에는 금융-화폐 영역에서, 그다음에는 정치-군사 영역에서 중부 유럽과 동유럽을 둘러싼 영국과 독일의 경쟁이 심화되었다. 당시 독일의 정책은 달러 대신 위안화 블록을 만들고 위안화를 국제화하려는 중국의 시도와 유사하다.

자본 간 경쟁이 영국과 독일 사이의 제국 간 경쟁으로 전환되었던 선례는 미국과 중국의 경쟁이 더 고조될 가능성이 높고 심지어 전쟁으로 이어질 수도 있다는 것을 시사한다. 이미 많은 관찰자가 미국의 동맹국이 통제하고 있는 지역(센카쿠/댜오위다오 열도, 남중국해, 타이완 등)에 대한 중국의 주권 주장과 20세기 초반 독일의 민족통일주의를 비교할 수 있다는 점에 주목하고 있다.[9] 주목할 점은 영향력을 가진 중국의 관방 학자 다수가 '위대한 부흥'이라는 중국의 외교 정책 어젠다를 불과 한 세기 전 독일의 입장과 공개적으로 비교했다는 것이다. 나치 법학자 카를 슈미트와 같은 독일 국가주의자 사상가들의 저작은 당-국가 지도자들이 귀를 열어두는 베이징의 저명한 학자와 관료들 사이에서 인기를 끌었다.[10] 신흥 제국으로서 중국과 기성 제국으로서 미국 사이의 충돌은 점점 더 20세기 초반의 독일과 영국 사이의 갈등을 닮아가고 있다.

오늘날 미중 갈등과 한 세기 전의 영국-독일 갈등을 비교할 수 있다는 것이 전쟁이 불가피하다는 것을 의미하지는 않는다. 21세기가 다른 점은 이제 미국과 중국, 그리고 두 나라의 동맹국들이 전쟁을 통한 보복이 아니라 영향력을 위해 경쟁할 수 있고 갈등을 해결할 수 있는 다양한 글로벌 통치 기구가 존재한다는 것이다. 이러한 투쟁은 이미 시작되었다. UN, WTO, WHO를 비롯한 여러 기관에서 영향력 확대를 놓고 미국과 중국이 벌이는 경쟁은 지난 10년 동안 늘어나고 있다.

더욱이 일찍이 홉슨이 지적한 것처럼, 자본주의 강대국들은 국내 노동계급의 더 높은 소득과 그에 따른 구매력을 확보하지 못하게 되면 해외의 이익을 찾아 자본을 수출해야 하며, 이 자본 수출은 국내 경제에서의 과잉생산 능력을 흡수하기 위해 필수적이다.[11] 하지만 자본주의 강대국들이 국내 재분배에서 진전을 보이면 자본을 수출할 필요가 줄어들고, 따라서 자신들의 세력권을 개척하고 다른 강대국과 충돌할 이유도 줄어든다. 중국의 맥락에서 중국이 가계소득과 가계소비를 부양해 경제의 균형을 재조정하려는 베이징 당국의 시도가 성공하게 되면, 중국 정치경제의 과잉생산 능력, 수익성 위기, 부채 문제는 완화될 것이다.[12] 그리고 중국 기업들과 그 배후의 중국 국가는 중국에서 외국 기업들을 압박할 유인이 줄어들 것이며, 해외 투자도 덜 하게 될 것이다. 자본 간 제로섬 경쟁을 심화하는 대신 재분배를 통해 이윤을 회복하는 것은 국가 간 갈등으로 악화하는 것을 억제할 수 있다. 미국에서 재분배 개혁을 할 것인가 아니면 신자유주의적 지구화 추구를 통해 자본을 수출할 것인가의 문제에서도 똑같이 적용할 수 있는 해법이다. 무역 전쟁, 제국 확장 및 이에 따른 제국 간 전쟁을 막기 위한 100년 전 홉슨의 해법은 오늘날에도 여전히 적용 가능하다.

> 제국주의의 주된 원인을 이루는 것은 과잉자본과 과잉생산 능력이라는 경제 상황이다. 만약 이 나라(영국)의 소비 대중이 생산력의 상승에 보조를 맞춰 소비 수준을 높인다면, 시장을 찾기 위해 제국주의를 이용하려고 시끄럽게 요구하는 초과 상품이나 과잉자본은 없을 것이다. 해외 무역은 존재하겠지만, 우리 제조업의 약간의 잉여를 교환하는 데는 어려움이 없을 것이다. (…) 그리고 우리가 모은 모든 저축은 우리가 선택하기만 한다면 국내 산업에서 다 쓰일 수 있을 것이다.[13]

확실히 이러한 경제의 재조정은 기업 과두 지배의 재분배에 대한 저항을 깨뜨려야 하며, 이는 말하기는 쉬우나 실행하기는 어렵다. 중국의 자본주의적 발전과 미국의 정치경제에 대한 이론적 이해 및 역사적 선례와의 비교를 토대로 살펴보면, 미중 경쟁은 앞으로 다년간 더 심화될 것이 확실하다. 합법적인 글로벌 통치 기구의 중재와 중국과 미국 경제의 재조정은 갈등을 완화하는 데 도움이 될 수 있는 두 가지 접근법이다. 이러한 접근법이 성공할지, 그래서 미국과 중국이 더 치명적인 충돌을 피하는 데 성공할지는 오직 시간만이 말해줄 것이다.

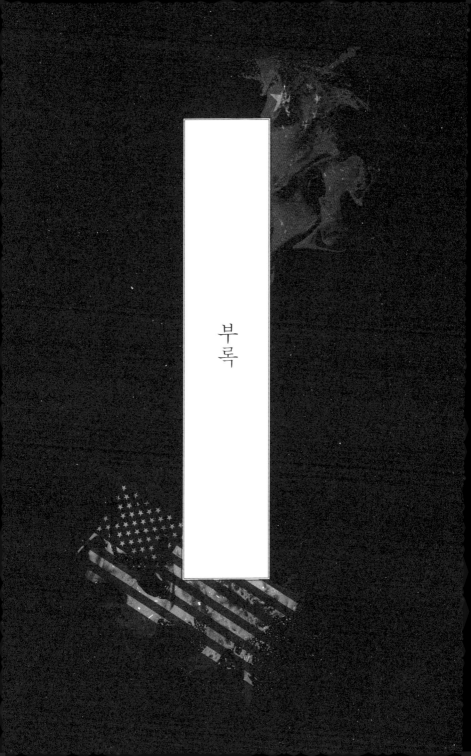

부록

1.

위기에 빠진 중국의
성장 모델[1]

중국의 부동산 개발 업체 헝다恒大, Evergrande 의 계속되는 위기로 인해 이 거대 기업은 세계적인 관심의 초점이 되었다. 중국 안팎의 채권자, 투자자, 계약자, 고객 및 직원들은 중국 정부가 헝다를 망하도록 그냥 두기엔 규모가 지나치게 크다고 판단할지 여부를 근심스럽게 지켜보고 있다. 만약 헝다가 파산한다면 금융 시스템과 건설 부문의 공급 사슬에 미칠 파장은 예측 불가능하다. 보도에 따르면, 베이징의 중앙 정부는 일어날 수 있는 사회적, 정치적 여파에 대비하기 위해 지방 정부들에 경고의 메시지를 보냈다.

비록 헝다가 정부의 개입을 통해 되살아난다 하더라도 중국 국가는 계속해서 새로운 딜레마에 직면할 것이다. 헝다는 잠재적 채무불이행에 직면한 많은 부동산 개발 회사 중 하나일 뿐이다. 중국의 주택 가격이 하락하면서 이미 자자오예佳兆業, Kaisa와 같은 다른 부동산 개발 업체로 위기가 확산되었다. 미국의 연방준비제도는 중국의 주택 위기가 미국과 세계 경제로 번질 수 있다고 명시적으로 경고했다.

형다와 중국의 대형 부동산 부문의 위기는 중국의 성장 모델이 위기에 처했다는 징후를 드러낸다. 이 성장 모델의 한계는 전국의 유령 도시에서 목격할 수 있다. 중국의 빈 아파트는 프랑스, 독일, 이탈리아, 영국 혹은 캐나다의 전체 인구를 수용할 수 있는 정도로 추정된다. 이러한 발전 모델이 어떻게 그리 오랫동안 고속 성장을 지속할 수 있었을까? 그리고 왜 이제 와서 실패했을까? 현재진행형인 위기를 이해하기 위해서는 부동산, 더 폭넓게는 고정 자본 투자가 어떻게 중국 및 세계 경제의 다른 움직임과 연결되어 있는지 살펴봐야 한다.

중국 호황의 종말

1990년대 중반부터 2008년까지 중국의 수출 부문은 경제 역동성과 수익성의 강력한 엔진으로 떠올랐다. 세계적인 수요에 힘입어 민간 기업과 외국 기업들이 지배적인 수출 부문은 거대한 외환보유고를 축적했고 이는 중국 공산당이 통제하는 금융 시스템이 신용을 크게 확장하는 데 기반이 되었다. 외환보유고의 증가로 인해 중국 국유 은행들은 여타 개발도상국에서 확대 정책의 실험을 괴롭혔던 평가절하와 자본 유출의 리스크 없이 국내 통화 유동성을 확대할 수 있었다. 신규 대출은 대부분 정치적으로 연줄이 깊은 기업들로 흘러들어갔고, 이 기업들은 기반 시설, 부동산, 제철소, 석탄 화력발전소와 같은 고정 자산에 투자하는 경향을 보였다.

케인스가 예전에 얘기한 것처럼 같은 노선을 운행하는 두 개의 철도 노선은 한 노선에 비해 두 배나 안 좋다. 중국의 부채 기반의 고정 자산 투자는 대부분 중복되고 수익이 나지 않는다. 1990년대 후반부터 중국 공산당의 지도자들은 부채와 과잉생산 능력에 대해 경고해왔다. 이들이 제안한 해결책 중 하나는 금융 자유화였다. 높은 이자율을 찾아 움직일 수 있도록 유동성을 허용한다면 비효율적인 기업들은 자신들이 살아남도록 하는 값싼 신용에서 잘려나간다는 것을 깨달으리라는 논리였다. 하지만 당-국가 엘리트 중 다른 파벌은 이윤이 나지 않고 과잉 확장된 부문을 잠재적인 돈줄과 봉건 영지처럼 여겼다. 개혁은 추진력을 전혀 얻지 못했다.

중국의 장기간 수출 주도 호황은 2008~2009년 글로벌 금융위기 때 처음으로 타격을 받았다. 세계 수요의 붕괴에 대응해 중국 정부는 공격적인 경기부양책을 내놓았고 이는 성공적이었다. 부채로 조달한 사상 최대의 고정 자산 투자에 힘입어 경제는 위기에서 강하게 반등했다. 그러나 수출 엔진이 멎은 상태였기 때문에 투자로 배가된 국유 은행의 신용 확장은 외환보유고의 확대와 서로 맞지 않았다. 그 결과는 엄청난 규모의 부채 거품이었다. 2008년과 2017년 말 사이에 중국의 미상환 부채는 GDP의 148퍼센트에서 250퍼센트 이상으로 치솟았다. 한 추정치에 따르면, 2020년 팬데믹으로 새로운 대출이 급증했고 이로 인해 GDP 대비 부채 비율은 330퍼센트 이상으로 올라갔다. 마치 진부한 관습을 따르는 것처럼 이 부채의 대부분은 새 아파트, 석탄 화력발전소, 제철소, 기반 시설 프로젝트에 자금을 조달하는 데 사용되었다. 최종 생산물을 소비할 사람이 거의 없었기 때문에 새로운 투자는 수익성이 없는 과잉생산 능력의 증가

〔그림 1〕 중국 국유 기업 및 민간 기업의 자산 대비 수익률[2]

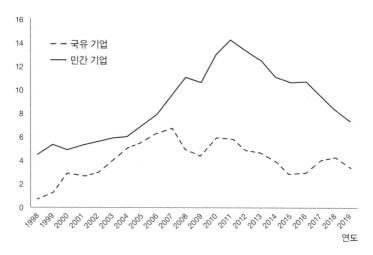

로 이어졌을 뿐이다. [그림 1]에서 볼 수 있듯이, 기업의 수익성은 2009~2010년의 반등 이후 국유 부문과 민간 부문 모두에서 전반적으로 계속 하락했다.

수익성의 하락은 부채로 이뤄낸 과잉생산 능력을 훨씬 더 꼬이게 만든다. 이윤은 기업에 부채로 진 이자를 갚고 대출금을 상환할 수 있는 현금 흐름을 제공한다. 중국에서는 수익률 하락으로 부채의 시한폭탄이 터졌다. 채무불이행이 시작되면 어떤 일들이 일어날까? 중국 공산당의 경제 관리자들에게는 부채 기반의 투자로 경기부양책을 쓸 여지가 없어진다. 한편 수출 부문의 성장은 2008년 이전 수준을 밑돌았다. 새로운 확장의 동력을 찾기 위해 베이징 당국은 고정 자산 투자에서 국내 개인 소비로의 전환을 꾀했다. 2001년 중국의 WTO 가입 이후 민간 소비는 급증했지만 투자 확대를 따라잡을 만큼 빠른 속도로 성장하지는 못했다([그림 2] 참조). 소비 비중의 실망스러운 성장은 불평등 심화의 결과였다. 장기간의 수출 호황 동안 평균 가계소득은 전체 경제보다 훨씬 더 느린 속도로 증가했다. 이것이 의미하는 바는 경제에 의해 창출된 새로운 소득의 대부분이 노동자들에게 임금과 급여로 지급되는 대신 정부와 기타 기업으로 돌아갔다는 것이다. 소비가 늘어나는 대신 그 잉여는 더 많은 투자와 더 많은 생산으로 재투자되었다.

경제 재조정에 대한 제안은 2008년 이전에도 있었다. 경제에서 소비 비중 증가는 최종 수요의 새로운 원천이 되어 과잉생산 능력을 흡수하고 기업 매출을 늘릴 수 있다. 그러나 당-국가 엘리트들이 권력을 독점하고 있기 때문에 그러한 민간 소비를 촉진시키는 재조정에 필요한 소득 재분배가 일어나기란 말처럼 쉽지 않다.

〔그림 2〕 **중국의 1인당 GDP, 가계 소득, 가계 소비**[3]

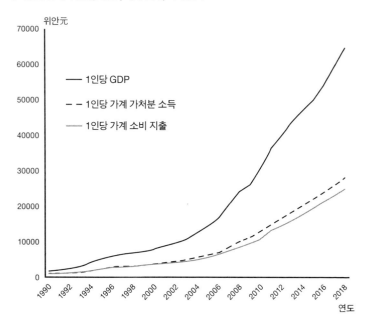

이러한 고질적인 문제들은 중국의 발전 궤도의 다음 단계에서도 그 기저를 이뤘다. 2015~2016년 주식시장의 붕괴와 자본 유출로 인해 중국 통화의 급격한 평가절하는 불가피해졌다. 2016년에 이르러 경제는 안정되었지만 다시 자본 통제를 강화한 이후에야 비로소 안

정을 되찾을 수 있었다. 또한 은행 시스템은 경제가 계속 움직이도록 여러 차례 새로운 신용을 투입했다. 만연한 금융 취약성의 징후 중 하나는 다수의 대출이 새로운 생산이나 소비를 위한 것이 아니라 기존 부채의 상환 연장을 위해 필요하다는 것이었다.

중국 경제의 이러한 난국은 제조업 활동의 선행 지표인 제조업 구매관리자 지수PMI에서 나타났듯이 제조업의 침체에서 드러나고 있다. PMI에서는 값이 50보다 크면 경기 확장을, 50보다 작으면 경

〔그림 3〕 2005~2021년 제조업 PMI와 월간 신규 대출[4]

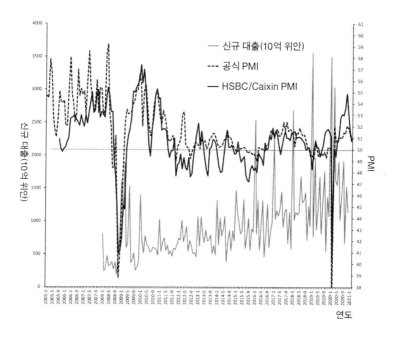

기 수축을 의미한다. [그림 3]에서 오른쪽 축은 PMI가 10년 동안 50 정도(정체 수준)를 맴돌았다는 것을 보여준다. 왼쪽 축은 신규 대출의 규모를 나타낸다. 신규 대출 통계를 제조업 지수와 비교해보면 대출을 통한 부양 정책의 효과가 감소하고 있다는 것을 알 수 있다. 2009~2010년의 반등 이후로 단지 경기를 회복시키기 위해 끊임없이 대출이 투입되고 있다. 신용 투입이 반복 확대되고 있지만 이것은 경제에 새로운 활력이 되기보다는 부채의 증가로 이어지면서 기업들은 대출에 중독된 좀비가 되었다.

두 개의 자본

1990년대 후반부터 금융시장 자유화와 민간 소비 증대 등 부채 기반의 과잉생산 능력 문제에 대해 다양한 해법이 제시되어왔다. 그러나 지난 10년의 침체기에 다른 종류의 재조정 정책인 '국진민퇴國進民退'가 등장했고 이는 중국의 정치경제를 규정하기 시작했다. 이 개념은 종종 당의 이데올로기나 정치 지도자 스타일의 변화로 분석되기도 하지만, 민간 부문과 외국 기업에 대한 국가 주도의 압박이라는 전반적인 경제 상황을 대체로 반영하고 있다. 저성장이라는 경제 환경 속에서 국유 기업은 다른 부문의 희생을 대가로 성장을 추구해야 한다. 국유 기업은 당 지도자들과의 동맹관계로 인해 이 전략을 이행하는 능력을 갖게 된다.

국유 부문의 이러한 수행 능력은 중국의 독특한 자산 소유 형태, 특히 국가가 절대적인 토지 소유자라는 사실에 기초한다. 1950년대에 중국 공산당은 사유재산을 폐지하고 스스로를 인민의 대표체로 규정하는 당-국가를 모든 자산의 유일한 소유자로 확립했다. 1978년 이후 대대적인 경제 개혁에도 불구하고, 당-국가는 토지의 국가 소유나 가장 큰 자산 소유자로서의 당-국가의 지위를 바꾸지 않았다. 국가는 개별 기업가에게 토지 자산의 한시적 사용권을 부여해 민간 경제의 부상을 촉진시켰다. 이 사용권에는 만료일이 있으며, 국가는 언제든 갱신 조건을 설정하거나 사용권을 취소할 권한을 보유하고 있다. 바로 이것이 1970년대 후반 국가가 가정청부책임제(국가가 토지를 계속 소유하되 개별 농가에 토지사용권을 임대하는 방식)를 도입하면서 농촌의 시장 개혁이 본격화됐던 방식이다. 1980년대 중반 상하이의 토지 사용 개혁이 시작되면서 도시지역에서도 농촌과 유사한 국유 토지사용권의 시장화가 시작되었다. 1990년대에 절정에 달했던 이러한 개혁들은 토지 자산에 대한 국가 소유권을 전복시키지 않으면서도 헝다 스타일의 부동산 개발이 성장할 수 있는 조건을 창출했다.

중국 당국은 토지뿐만 아니라 핵심 부문에서도 국유 기업의 지배적 지위를 절대 놓지 않았다. 1990년대 국유 기업 개혁은 결코 '사유화'가 아니었다. 다수의 거대 국유 기업이 이윤 지향적인 서구의 초국적 기업을 모델로 구조조정되었으며, 국유 기업이 노동자들에게 주택과 의료 서비스를 제공하던 것과 같은 사회적 기능을 거의 다 없애버렸다. 그러나 다수의 거대 기업은 국가의 직접 소유 혹은 주식회사의 국가 소유 지분을 통해 지방 정부나 중앙 정부의 통제하에 있었다. 『포춘』 글로벌 500대 기업 리스트 중 중국 기업의 수는 2000년 10개에서 2020년 124개로 늘어났다. 이 124개 기업 중에 91개가 국유 기업이다. 국유 산업 자산은 전체 경제에서 민간 산업 자산의 두 배에 달하며, 국유 자산은 금융, 에너지, 자동차, 통신 및 광산업 등의 부문에서 지배적인 역할을 차지하고 있다.

따라서 장기간의 수출 호황을 거치면서 중국의 정치경제는 기업가와 개인이 일시적으로 자산을 소유하는 것을 기반으로 한 이윤 지향적인 시장 교환에 의해 주도되었다. 시간이 흐르면서 많은 투자자가 국가의 부동산 소유를 형식적인 것으로 보게 되었고, 사용권의 갱신이 일상적이며 의례적일 것이라고 예상했다. 성장 중인 중국 경제가 높은 투자 수익을 제공하는 한, 사업가들은 자신의 부와 자산을 중국에 유지하며 행복해했고, 자신들의 자산이 완전히 보장되리라는 것에 관한 어떤 걱정도 하지 않았다. 그러나 경제성장률과 이윤이 하락하면서 투자자들은 중국 헌법 제6조("국가는 공동 소유를 주체로 하는 기본 경제 제도를 견지한다")와 제7조("국유 경제는 (…) 국민 경제의 주도 역량이다. 국가는 국유경제의 강화와 발전을 보장한다")의 상관성이 유지된다는 점을 고려해 자신들이 소유한 부동산의 일시적 성격에 다시 주목하게 되었다.

2008년 이후 민간 및 해외 기업에 대한 압박은 점점 더 분명해졌다. 세계적인 경기 침체로 경제성장이 얼어붙으면서 후진타오가 공포한 새로운 반独독점법은 국유 기업보다 민간 기업과 외국 기업에 훨씬 더 강력하게 적용되었다. 확실히 국유 기업의 많은 당 간부는 엘리트 내부의 갈등 속에서 '반부패'라는 명목으로 숙청되었다. 그러나 국유 부문이 통신이나 에너지와 같은 핵심 독점의 본산임에도 불구하고 반독점법은 국유 기업의 특권을 거의 건드리지 않았다. 반대로 반부패 운동을 명목으로 개인 재산을 몰수하는 것은 일상화되었다. 부유층과 기업가들의 불안감 증대, 경제 침체로 인한 수익성 하락, 위안화의 장기적인 가치 하락 예상이 결합되면서 자본 유출이 급증했고, 이는 앞서 언급한 2015년 절정에 달한 금융 혼란으로 이어졌다. 자본 통제가 새롭게 강화되면서 그러한 자본 유출은 억제되었지만, 중국의 기업과 부유층은 자신들의 자산을 중국에서 사유재산에 대해 더 큰 법적 보호를 받을 수 있는 지역으로 이전하기를 열망하고 있다.

2012년 시진핑이 집권했을 때, 다수의 관찰자는 그가 경제 자유화를 추구할 것이라고 예상했다. 시진핑 집권 초기에 관영 언론은 금융 규제 완화와 '공급 측 구조 개혁'에 대한 논의를 통해 이 메시지를 홍보했으며, 2016년 『뉴욕타임스』는 이를 "마르크스와 마오쩌둥보다는 레이건이나 대처의 이야기 같다"고 표현했다. 그러나 시진평이 덩샤오핑 스타일의 시장지향적 실력자가 되리라는 기대는 곧 무너졌다. 당-국가 내부의 기득권 집단의 영향력으로 인해 시진핑은 민간 기업과 외국 기업을 희생시키면서 국유 기업이나 국가와 연결된 기업의 지속적인 확장을 지지할 수밖에 없었다.

국가주의적 전환이 시진핑의 집권보다 앞섰지만, 시진핑은 이 전환 과정이 상당히 속도를 낼 수 있도록 감독했다. 2021년이 되어서야 시진핑은 '공동 부유' 정책을 도입했다. '공동 부유'라는 슬로건은 민간 기업에 대한 단속과 밀접한 연관이 있다. 민간 기업들에 대한 억압적 조치로 몇 가지 사례를 들자면, 앤트 그룹(알리바바의 핀테크 부문)의 해외 IPO 직전 저지, 알리바바에 대한 반독점 과징금 부과, 기술 회사들의 데이터 수집과 서비스 제공 자격에 대한 엄격한 제한 조치, 영리 목적의 사교육 회사 금지, 국유 기업의 민간 기술 기업 주요 자산 인수 허용 등이 있었다.

헝다와 중국 자본주의의 미래

2016년 베이징에 있는 한 국영 출판사에서 내 저서『차이나 붐』의 중국어 간체 번역본을 출판했다. 이 판본에서 내가 "중국의 자본주의"라고 쓴 부분은 모두 "중국 특색의 시장사회주의"로 번역되었다. 이것은 중국 당-국가의 엄격한 자기 규정으로, 공식 출판물에서 국가의 경제 체제의 특성을 설명할 때 '자본주의' 혹은 '중국식 자본주의'를 절대 사용하지 않는다는 것을 보여준다. 데이비드 하비와 같은 일부 서구 좌파는 시진핑이 마오쩌둥의 죽음 이후 포기한 사회주의의 길로 다시 중국을 이끌고 있다고 예측하기 시작했다. 중국의 마오주의적, 반자본주의적 전환에 대한 견해는 『월스트리트저널』이나 『워싱턴포스트』와 같은 매체에서도 찾아볼 수 있다.

이러한 생각이 점점 더 널리 퍼지고 있지만, 중국이 자본주의에서 멀어지고 있다는 견해는 정확하지 않다. 개혁 이후 40년이 지났지만 중국 경제는 '시장 이행'에 관한 문헌에서 예측하고 옹호했던 교과서적인 신자유주의적 자본주의 모델로 진화하지 못했다. 그러나 생활 수단의 완전한 상품화, 모든 경제활동에서 이윤 추구 원칙의 확산, 모든 토지의 국가 소유와 기타 사유재산 형태에 대한 약한 보호, 국유 기업의 지배적 지위 등의 특징을 가지고 있는 중국 체제는 아마도 국가 자본주의, 혹은 당-국가 자본주의로 가장 잘 이해될 수 있을 것이다. 시진핑에게 푸틴의 러시아는 독립적인 권력을 가진 모든 독점 재벌이 체포, 탄압, 혹은 제거된 이후에 독재 체제가 어떻게 경제 침체를 견뎌낼 수 있는지를 보여주는 사례다. 중국 당국이 원하는 것은 민간 자본의 축적을 제한해 국가 자본의 축적을 위한 공간을 더 많이 만드는 것이다. 또한 이 프로젝트에는 최근 노동운동가, 노동권 연구자, 마르크스주의 지식인들을 체포한 사례에서 알 수 있듯이 자본 축적에 대한 풀뿌리 저항에 대한 탄압도 포함된다.

온라인 유통, 소셜미디어와 마찬가지로 부동산은 민간 자본이 지배적이었던 가장 중요한 분야 중 하나다. 중국 총생산의 약 25퍼센트를 만들어내고 중국 GDP의 네 배에 달하는 자산 거품을 떠받치고 있는 이 중추적인 부문의 전환에 있어서 헝다 패닉은 무엇을 의미하는가? 이는 중국 당-국가가 경쟁 상대에 맞서 국유 부문을 지속적으로 활성화시킬 수 있는 기회일지도 모른다. 헝다 위기는 국가가 민간 부동산 개발 업체의 국유 은행을 통한 자금 조달 접근을 제한해 이들을 단속하려는 시도에서 발생했다. 이로 인해 부채가 심각한 기업들이 디레버리징deleveraging을 하게 될 것으로 예측되었다. 중국 정부는 헝다를 해체해 국유 기업으로 재편할지 여부를 검토하고 있는 것으로 알려졌다. 헝다 위기는 당-국가가 중국 경제에서 가장 큰 부동산 개발 업체 중 하나를 국유화하여 국가의 실질적인 토지 소유권을 다시 분명히 할 기회가 될 수도 있다. 이러한 국면은 최근 거대 민간 기업에 대한 국가의 공격과 일치하며, 이러한 기업들을 국가 소유 혹은 국가 통제로 만드는 최종 단계가 될 가능성도 있다. 국가는 헝다와 같은 회사들을 해체함으로써 (기존 주택을 관리하는 단위와 같은) 더 수익성 높은 활동을 분리해 구제 불가능한 것들을 모두 단계적으로 정리할 수도 있다. 이러한 자산들이 국유화되면 여전히 이윤 지향적인 국유 개발 업체에 이전될 것이다.

이전의 위기의 순간들과 마찬가지로 베이징 당국은 새로운 성장 모델의 필요성에 대해 약간의 제스처를 취했다. '공동 부유'와 부의 재분배 요구를 내걸고 시진핑은 베이징 당국의 민간 부문 단속을 불평등 해소 및 국내 소비 진작의 필요성과 연결시켜왔다. 지금까지 이 일련의 새로운 재분배가 민간 부문의 자원과 권력을 수익성은 그보다 낮지만 여전히 이윤 지향적인 국유 기업으로 재분배하는 것 이상이라는 증거는 거의 없다. 시진핑이 이윤, 투자, 성장보다 민생을 우선시하는 정치경제 체제인 사회주의를 살려낼 것이라고 희망하는 이들은 아마도 실망하게 될 것이다.

2.

대담:
중국의 세기가 시작되었다고
선언하기에는 너무 이르다[5]

대담자: 대니얼 핀

팬데믹의 영향에도 불구하고, 중국이 미국의 경제력을 능가할 수 있기까지는 갈 길이 멀다. 워싱턴과 베이징 사이에 긴장이 높아지고 있는 것은 도널드 트럼프나 시진핑의 개성 탓이 아니라 자본 간 경쟁 때문이다.

중국은 2020년 초입에 코로나19로부터 가장 큰 타격을 받은 첫 번째 국가였다. 그해 1월 말 서구의 뉴스 보도는 우한의 광경을 불신으로 가득 차 있다고 묘사했다. 이러한 긴급 조치들은 얼마 지나지 않아 전 세계적으로 익숙해졌다. 한편 중국 정부는 미국 당국보다 팬데믹을 억제하는 데 있어 더 유능했던 것으로 보였다. 코로나19의 경험은 미국이 지난 세기를 지배했던 방식으로 중국이 21세기를 지배할 것이라는 인식을 심어주었다. 조 바이든은 그런 상황이 현실이 되기 전에 그 위험을 막는 것을 최우선 과제로 삼았다.

홍호펑은 중국 정치경제 분야에서 선도적인 전문가다. 그는 존스홉킨스대학 사회학과 교수로 재직 중이며 『차이나 붐: 왜 중국은 세계를 지배할 수 없는가』를 썼다.

대니얼 핀: 2020년 코로나19 팬데믹은 중국 경제에 어떤 영향을 끼쳤나요? 그 후로는 얼마나 회복되었습니까?

홍호평: 물론 다른 지역과 마찬가지로 즉각적인 경제적 충격은 컸습니다. 중국은 코로나19로 가장 먼저 타격을 받은 경제체 중 하나였습니다. 중국 정부는 전 지역을 고립시키는 일부 극단적인 봉쇄 조치로 바이러스의 확산을 가까스로 막아냈습니다. 그 기간에 생산과 소비가 정체되었고, 많은 활동이 중단되었죠.

그러나 2020년 여름이 되면서 바이러스의 확산은 상당히 억제되었습니다. 중국 경제는 거대한 경기부양 정책에 힘입어 반등했습니다. 이는 글로벌 금융위기 이후에 벌어졌던 상황과 같습니다. 중국 정부는 국유 은행들에 대출의 수문을 활짝 열라고 했죠. 2020년 중반 신규 대출과 관련된 데이터를 보면, 이는 강력한 경제 반등으로 이어졌습니다.

그러나 이러한 대출 또는 재정 확대는 이미 2009년 이후로 경제를 괴롭혀왔던 부채 증가 문제로 이어졌습니다. 2021년 중반에 접어들면서 우리는 이미 많은 기업이 과도한 부채에 짓눌려 중국 경제가 다시 둔화되는 것을 목격했습니다. 이 패턴은 글로벌 금융위기 이후의 상황과 마찬가지로 반복되고 있습니다. 경기부양 정책으로 인해 경제는 빠른 속도로 반등했지만 결과적으로 경제의 장기적 성과에 지장을 초래하고 있습니다.

대니얼 핀: 지난 몇 년을 돌이킬 때, 트럼프 정부가 중국과 미국 사이의 정치적, 경제적 관계에 어떤 영향을 미쳤다고 볼 수 있을까요?

홍호펑: 확실히 영향을 주긴 했지만, 미중 관계의 장기적인 방향에서는 그렇지 않았습니다. 제가 종종 주장해왔듯이 미중 관계는 오바마 정부를 기점으로 일종의 밀월관계에서 좀더 경쟁적인 관계로 전환되었습니다. 글로벌 금융위기 이후, 중국은 자국 내에서 특정한 국유 기업의 국내 시장 점유율을 확보하기 위해 더 공격적으로 나섰으며, 나중에는 미국 기업을 포함한 외국 기업들과 경쟁하기 위해 해외 시장으로까지 확장에 나섰습니다.

중국과 미국 기업들, 그에 더해 유럽과 일본의 여타 기업들 간의 격화된 자본 간 경쟁은 미중 관계 악화의 기저에 있는 힘이었습니다. 이 모든 것은 워싱턴의 대중국 정책의 방향을 바꾸기 위해 많은 일을 한 오바마 정부 2기 때 시작되었습니다.

여기에는 아시아로의 회귀 정책이 포함되며, 중국의 인접 국가들에 대한 영유권 주장에 대응하기 위해 더 많은 항공모함과 해군부대가 남중국해에 배치되었습니다. 동시에 오바마는 환태평양경제동반자협정인 TPP에 박차를 가했습니다. 그는 중국에 압력을 가하기 위해 중국을 제외한 미국의 동맹 국가(그리고 일부 동맹이 아닌 국가들)를 줄 세울 의도를 가지고 있었습니다.

다시 말해, 오바마 행정부는 이러한 변화를 시사하는 모든 실질적인 조치를 취했지만, 외교적으로는 중국과 문제를 논의할 때 매우 정중한 레토릭을 계속 사용해왔습니다. 흥미롭게도 도널드 트럼프가 취임 초기에는 오바마보다 중국에 더 부드러울지 모른다는 징후들이 있었습니다. 일례로 2017년 취임한 뒤 반년 만에 트럼프 행정부는 남중국해에서 항행의 자유 작전을 중단했습니다. 그들은 몇 달 동안 그곳에 군함을 보내지 않았죠.

민주당뿐 아니라 공화당 일각에서는 이를 트럼프가 중국에 지나치게 부드럽게 대하고 있다는 신호라며 우려를 나타냈습니다. 그러나 트럼프가 중국에 대해서 좀더 부드러운 대통령이었다 하더라도 미중 관계의 기저에 있는 자본 간 경쟁의 강도는 약화되지 않았습니다. 결국 트럼프는 무역을 포함한 다른 많은 문제에 있어서 중국에 대해 더 강경해져야 했습니다.

트럼프와 오바마의 큰 차이점은 트럼프의 레토릭이 더 노골적이고 더 화려해 사람들에게 그가 무언가를 하고 있다는 인식을 심어주며 인상을 깊게 남겼다는 데 있습니다. 그 결과 트럼프 대통령 시절이 미중 관계가 악화되는 전환점이었다는 인식이 지배적입니다만 실제로는 오바마 시절에 시작되었다고 봐야죠. 바이든 행정부는 기본적으로 오바마 시절 중국에 대한 접근 방식을 대부분 지속하고 있습니다.

대니얼 핀: 그 지점에 이어서 당신은 중국에 대한 바이든 정부의 정책을 어떻게 평가하고 있으며, 중국 지도부는 바이든과 그의 팀에 대해 어떻게 인식하고 있나요?

홍호펑: 중국 사람들은 바이든 행정부에 대해 어떤 환상도 가지고 있지 않습니다. 그들은 중국에 대해 점점 더 강경해지는 미국의 접근 방식이 오바마 때부터 시작되었다는 것을 매우 잘 알고 있습니다. 2016년 미국 대선 기간에 중국의 관영 언론 평론가와 학자 다수는 힐러리 클린턴이 오바마 정부의 정책을 이어나갈 것 같다고 생각했기 때문에 트럼프가 승리하기를 크게 기대하고 있었습니다. 그러나 이후 트럼프에 대해서도 환상은 없었습니다. 구조적인 힘으로 인해 트럼프가 좀더 강경한 방향으로 갈 것이었기 때문이죠.

바이든 정부와 관련해서도 마찬가지라고 말할 수 있습니다. 2020년 대선 기간에도 중국의 관변 학자와 언론들에서 바이든 정부가 트럼프와 크게 다르지 않을 것이라는 취지의 언급이 많았습니다. 결국 중국에 대한 미국의 강경한 조치의 다수는 백악관에서 나온 것이 아니라 초당적인 지지 속에서 의회로부터 나온 것이기 때문이죠.

우리는 현재 바이든이 중국에 아주 거칠게 나오고 있는 것을 보고 있습니다. 바이든은 트럼프의 관세 인상 조치를 철회하지 않았습니다. 취임 후 첫 몇 달 동안 바이든 정부는 중국과 맞서기 위한 연합 전선을 형성하고자 유럽과 아시아의 동맹국들을 줄 세우는 데 매우 적극적이었습니다. 수사적 측면뿐만 아니라 정책 측면에서도 새 대통령이 중국의 사정을 전혀 봐주지 않고 트럼프 시대의 많은 정책을 이어받은 것은 분명합니다.

대니얼 핀: 당신은 몇 년 전 출간한 책『차이나 붐: 왜 중국은 세계를 지배할 수 없는가』에서 중국이 실제로 세계 경제의 위계 속에서 미국을 추월할 수 있다고 생각하는 것은 잘못되었다고 주장했습니다. 그 당시 주장을 뒷받침하는 당신의 근거는 무엇이었요? 그리고 그것이 오늘날에도 여전히 사실이라고 생각하나요?

홍호펑: 저는 그 주장이 오늘날에도 여전히 유효하다고 생각합니다. 중국에 관해서는 현실과 레토릭을 구별하는 것이 언제나 매우 중요합니다. 우리는 중국 관영 매체를 통해 중국이 여러 영역에서 어떻게 미국을 능가하고 있는지에 관한 많은 이야기가 있다는 것을 알고 있습니다. 예를 들어 사람들은 중국 통화가 미국 달러 패권을 무너뜨릴 수 있는 지배적인 글로벌 통화가 될 것이라고 말합니다. 그러나 이것이 얼마나 현실을 반영하고 있는지는 의문입니다.

『차이나 붐』에서 저는 통계 자료를 들여다볼 필요가 있다고 주장했습니다. 우리는 선전에 속아 넘어가서는 안 됩니다. 중국은 분명히 매우 성공적이고 중요한 경제체입니다. 중국은 기업들이 진출해야 할 가장 중요한 시장 중 하나입니다. 하지만 동시에 여전히 많은 영역에서 미국에 한참 뒤떨어져 있습니다.

통화 문제와 관련해서는 2008년 글로벌 금융위기 당시에 미국 달러 패권이 끝났으며, 중국 통화가 달러를 대신해 글로벌 기축통화가 될 것이라는 이야기가 많았습니다. 그러나 10년도 더 지난 지금 미국 달러는 여전히 세계의 준비통화이며, 표준 거래 통화입니다. 중국의 통화는 많은 진전을 이루지 못했고 실제로는 국제 거래 사용 면에서 오히려 퇴보했습니다. 그 이유는 중국 공산당이 자국의 금융 시스템을 빈틈없이 보호하고 있으며 위안화도 아직 완전히 자유롭게 환전할 수 없기 때문입니다.

중국은 일대일로 참여 국가나 라틴아메리카에 있는 멀리 떨어진 국가에 돈을 빌려줄 때 자국 통화보다는 달러로 거래합니다. 중국은 다수의 동남아시아 국가의 최대 대출국이 되기 위해 일본과 경쟁해 왔습니다. 일본은 엔화로 빌려주고 중국은 달러로 빌려주겠다고 했기 때문에 중국은 경쟁에서 일본을 이길 수 있었습니다. 중국의 수출도 대부분 달러로 청구됩니다. 중국 통화의 이러한 국제적 사용은 미국 달러뿐만 아니라 영국 파운드화에도 크게 뒤처져 있습니다.

또 다른 분야인 마이크로칩 생산에서 중국은 미국이나 미국의 동맹국에 의존했습니다. 첨단 기술 분야에서 중국을 차단해버리는 미국의 정책의 일환으로 트럼프가 중국에 제재를 가했을 때, 많은 중국 기술 기업이 갑자기 커다란 곤경에 처했는데, 그들이 충분한 마이크로칩을 공급받지 못했기 때문입니다.

대니얼 핀: 당신은 시진핑의 리더십에서 진정한 차별점이 무엇이라고 생각합니까?

홍호펑: 많은 사람이 시진핑은 이전 지도자들과는 크게 다르다고 생각합니다. 중국 공산당이 많은 면에서 더 자신감을 가지고 있고 더 공격적이라는 데에는 의심의 여지가 없습니다. 예를 들어 미국 지도자들을 직접 모욕하도록 외교관들을 풀어준다는 면에서 그렇습니다. 다른 한편으로 트럼프의 미국과 마찬가지로 이미 레토릭 이면에 좀더 구조적 차원에서 변화가 일어나고 있습니다.

시진핑이 권력을 완전히 장악한 2013년 이후로 그의 언변과 스타일은 확실히 더 공격적이었습니다. 그가 만들어낸 또 다른 큰 변화는 중국 최고 지도자의 임기 제한을 폐지한 것인데, 이는 10년이라는 분명한 임기 제한이 있어서 임기를 마친 후 현직에서 떠날 것이라 예상했던 전임자들과 달리 시진핑은 종신 독재자가 될 수 있음을 뜻합니다.

그러나 미국 국가와 미국 기업에 대한 중국 정책의 많은 변화는 그 기원에서 더 구조적입니다. 국가 자본주의의 부활과 중국 내 외국 기업을 비롯한 민간 영역에 대한 압박은 글로벌 금융위기 직후에 시작되었습니다. 그런 측면에서 분기점은 시진핑의 집권이 아니라 2008년의 충격이라고 할 수 있습니다.

국유 은행의 대출로 인해 많은 정치적 연줄을 가지고 있는 기업들은 2008년 이후에도 살아남았습니다. 그 기업들은 수익성이 없음에도 불구하고 계속해서 대출과 재정 지원을 받을 수 있었지요. 많은 국유 기업에서 과잉생산 및 부채와 관련된 문제를 가지고 있었습니다. 2009년에서 2010년 사이의 경기부양 정책의 유산은 중국이 경제 침체, 부채, 경기 부진으로 어려움을 겪고 있다는 것입니다. 그것은 1990년대에 일본이 경험했던 것과 같은 종류의 전형적인 과잉축적의 위기입니다.

전체적인 파이가 줄어들면서, 중국은 더 공격적으로 해외와 중국의 민간 기업을 압박해 국유 기업에 돌아가는 파이 조각을 키우려고 노력해왔습니다. 자본 수출도 시작되었습니다. 철강이 한 사례인데요, 중국 철강 산업에 거대한 과잉생산 능력이 있었던 터라 중국은 전 세계에 철강을 수출하기 시작했습니다. 이는 한국과 일부 유럽 국가를 비롯한 많은 나라와 무역 마찰을 빚었습니다.

2008년 금융위기와 그에 따른 중국의 경기부양책이 바로 분기점이 된 순간입니다. 이는 중국 경제에 과잉축적 위기를 초래했고, 결국 중국은 미국을 비롯한 다른 외국 기업들과 더 공격적으로 경쟁하게 되었습니다. 시진핑의 집권은 이 구조적 변화와 겹쳐졌습니다. 시진핑은 트럼프와 마찬가지로 더 공격적인 스타일과 레토릭으로 이미 자리잡은 경향을 더 분명히 했습니다.

대니얼 핀: 중국 정부가 일부 대기업, 특히 기술 기업들을 강력하게 억압하는 것에는 어떤 이유가 있다고 생각하시나요?

홍호펑: 그건 현재 많은 사람이 토론하고 있는 매우 흥미로운 현상입니다. 어떤 사람들은 중국 정부가 마침내 사회 정의에 주목하고 이 기업들의 독과점을 단속하고 있다고 얘기할 것입니다.

우선 그 타깃은 해외 시장에서 IPO 예정이었다가 그 직전에 중국 정부가 제지한 빅테크 기업 알리바바와 그 계열사인 앤트 그룹이었습니다. 또 다른 빅테크 기업인 텐센트는 국가로부터 막대한 비판과 규제 압력에 직면해 있었죠. 이후 정부의 공격은 과외와 사교육, 배달 플랫폼 회사 등을 포함한 모든 종류의 대규모 민간 소유 기업들로 이어졌습니다.

그러나 저는 이 모든 것이 사회 정의 촉진 및 독점 단속과 관련되어 있는지에 관해 회의적입니다. 이번 단속 대상을 살펴보면, 그 기업들은 모두 중국 내 민간 기업인 반면, 국유 기업이나 준국유 기업들은 독점적 지위를 유지하기 위해 필요한 모든 지원을 계속해서 받고 있습니다. 그래서 이 조치들은 경제 통제에 있어 국가가 느끼는 불안감과 더 관련이 있다고 여겨집니다. 국유 기업들이 계속 선두를 유지하고 민간 기업들에 가려지지 않기 위해 이 민간 기업들을 추적하는 것입니다.

중국 역사에서는 18세기 청나라 시절부터 경제를 성장시키고 국가의 세입을 늘리며 제국을 강화하기 위해 국가가 개인 기업가를 이용하는 것이 반복되어왔습니다. 동시에 민간 상인들이 지나치게 영향력을 보유하거나 강력해지면 국가는 이들을 우려해 탄압하기 시작했습니다. 심지어 국가가 그들의 재산을 몰수하거나 그들을 구속시키기도 했습니다.

우리는 현재 일종의 이 역사가 반복되고 있는 것을 목도하고 있습니다. 경제성장의 초기 단계에서 중국 국가는 외국 기업을 포함해 민간 기업을 이용하면서 중국의 국가 권력이 해외로 투사하는 것을 지원했습니다. 그러나 특히 경제 침체와 더불어 이 기업들이 지나치게 거대해지면, 국가는 개인 기업가들을 단속할 필요성을 느끼기 시작합니다. 저는 이것이 최근 벌어진 기업 단속의 주된 원동력이라고 생각합니다.

대니얼 핀: 중국의 노동운동이나 혹은 국가로부터 독립적인 중국 사람들의 행동에 대해서는 어떻게 전망하십니까?

훙호펑: 지난 10년간 중국에서는 독립적인 노동조합이 없었기에 전국적으로 수많은 비공인 파업과 산발적인 노동 소요가 발생했습니

다. 많은 사람이 지적했듯이, 2000년대 초반에 제정된 새로운 노동법은 이러한 산발적인 노동 시위에 대한 반응이었습니다. 노동자들은 노동 조건을 개선하기 위해 국가가 움직여야 한다고 압력을 가했습니다. 하지만 노동 현장에서는 늘 일종의 술래잡기 게임이 벌어집니다. 노동이 무언가를 쟁취하면 국가와 자본가들은 항상 그것을 우회할 방법을 찾습니다. 일부 제조업자와 고용주는 새로운 노동법을 회피하고 노동자들을 더 불안정한 상황으로 되돌려보낼 방법을 찾아냈습니다.

표면적으로는 이른바 전형적인 노동운동을 목격할 수 없습니다. 하지만 저는 이러한 형태의 비조직적이고 자발적이며 산발적으로 벌어지는 노동 소요와 지역 공동체의 시위가 지속될 것이라고 확신합니다. 이 운동들은 공식적인 조직을 필요로 하지 않습니다. 때때로 노동운동은 덜 조직적이지만 더 자발적일 때 더 나은 결과를 얻을 수도 있습니다.

지금 당장은 팬데믹과 중국 정부의 시민사회에 대한 매우 공격적인 억압으로 인해 모든 종류의 저항이 사그라진 것처럼 보입니다. 그러나 좀더 장기적인 관점에서 본다면, 저는 이러한 자발적인 시위와 저항이 다른 영역에서도 계속되리라고 상당히 확신하고 있습니다. 때때로 이는 시위 형태가 아닐 수도 있으며, 모든 종류의 다양한 전술을 사용하는 일상적인 저항의 형태일 수도 있습니다. 저는 이런 종류의 저항이 계속되어 장기적으로 변화를 가져올 것이라고 믿습니다.

대니얼 핀: 중국 지도부는 향후 몇 년간 어떤 환경 정책을 시행할까요? 그리고 중국과 미국 사이의 경쟁이 세계 기후위기의 대처에 어떤 영향을 미칠 것으로 보십니까?

홍호펑: 물론 미국과 중국은 세계 기후위기를 해결하기 위해 협력해야 합니다. 중국에서는 전기차 생산 확대에 일정한 진전을 보이고 있습니다. 또한 태양광 패널과 풍력 터빈 등의 최대 생산국이 되었습니다. 하지만 환경 정책과 관련해 모순도 존재합니다.

중국은 한편으로 녹색 기술 제품 시장에서 미래를 내다보고 있으며 그 부문의 생산 능력 확대를 위해 많은 투자를 하고 있습니다. 하지만 동시에 중국은 제철소와 석탄 화력발전소에 이르기까지 여전히 과잉생산 능력을 보유하고 있는 여타 부문도 모두 가지고 있습니다. 국가에는 많은 기득권 세력이 있고 이들은 다른 부문들과도 연결되어 있습니다. 중국의 석탄 생산 능력은 여전히 증가하고 있으며, 다른 많은 개발도상국에 석탄 화력발전소를 수출하고 있습니다. 이는 과잉생산 능력과 과잉축적의 문제에 대한 해결책입니다. 그 부문들이 파산해서 없어지도록 내버려두지 않는 거죠.

전체적으로 이것저것 뒤섞여 있는 상황입니다. 우리는 중국에서 녹색 기술 부문뿐만 아니라 구기술 부문도 크게 확장되는 것을 보고 있습니다. 물론 중국이 단순히 입에 발린 말만 하는 것이 아니라 진지하게 기후변화에 맞서기 위한 세계적인 노력에 동참하려면 에너지와 신기술 분야에서 더 많은 협조와 노력이 필요할 것입니다. 하지만 당장은 많은 조율이 이뤄지지 않고 있습니다. 석탄 생산 능력의 증가는 기후위기에 대한 우려보다는 경제성장과 과잉축적 위기의 논리에 따라 추진되고 있습니다.

3.

***

제국의 충돌:
훙호평과의 대담⁶

대담자: 장홍(존스홉킨스 박사후과정/GCP 편집자)

'글로벌 차이나'의 부상은 지난 수십 년간 지속된 경제적 지구화의 결과이며, 중국과 미국 사이의 전반적으로 긍정적인 관계가 그 부상을 뒷받침해왔다. 2001년 중국의 WTO 가입이라는 분수령 이후 중국과 미국 경제는 점차 상호 의존도가 높아졌고, 이는 두 나라 사이의 여러 갈등 관리에 있어서 낙관론의 근거가 되어왔다. 그러나 코로나19 팬데믹과 더불어 중국과의 무역 불균형을 바로잡겠다는 트럼프 행정부의 몇 년간의 격동의 시기를 지나며 이러한 낙관론에는 의문이 제기되었고, 세계질서의 파열은 아직 완전히 드러나지 않았다.

훙호평은 최근 출간한 책인『제국의 충돌: '차이메리카'에서 '신냉전'으로』(2022, 케임브리지대학출판부)에서 미중 관계의 변화에 대한 분석과 세계 정치경제에 대한 비판을 시도하고 있다. 홍호평은 이데올로기적인 주장에 이의를 제기하면서 미국이 1990년대와 2000년대에 중국의 세계 경제로의 통합을 촉진한 것은 주로 중국 시장과 값싼 노동력에 접근해 이익을 얻으려는 자국 기업의 이해관계 때문이었다고 주장한다. 이러한 이해관계는 2000년대 후반부터 중국의 토착 산업 육성 정책으로 미국 기업들이 피해를 보게 되면서 근본적으로 변했다. 중국의 세계 경제로의 통합은 중국과 미국 두 나라 모두에서 불균등 발전을 일으켰으며, 두 경제체 사이에 깊은 구조적 상호 의존을 만들어냈다. 이 두 자본주의적 경제체가 과잉축적의 위기를 맞으면서 세계 경제에서 그들 간의 '제국 간' 경쟁은 상호 의존 관계를 넘어섰다.

두 경제체가 떨어져나가기 시작하면서 두 나라 사이의 지정학적 경쟁 역시 조정하기 어려워졌다. 이런 시각에서 '신냉전'의 근본적인 원인은 이념적 차이라기보다는 중국과 미국 사이의 '자본 간 경쟁'이다. 미국의 외교 정책에 대한 홍호평의 마르크스주의적 접근은 다른 분석적 시각을 가진 이들의 반발을 살 가능성이 있지만, 지구 정치경제에 대한 그의 해부는 어떤 세계질서가 미래의 충돌을 방지할 수 있는지에 대해 근본적으로 다시 생각해볼 것을 요청하고 있다.

장훙: 당신의 책은 미국과 중국의 기업 부문 간의 관계 변화가 두 나

라 사이의 정치적 관계 변화의 기저에 있다는 것을 논증하면서 훌륭한 통찰력을 보여주고 있습니다. 이 분석을 발전시킨 동기는 무엇이며, 이를 통해 당신이 도전하고자 하는 통념은 무엇입니까?

홍호펑: 미중 관계 악화에 관한 다수의 일반적인 설명은 그 관계 악화의 원인이 민주주의 체제와 권위주의 체제 사이의 이데올로기적 차이 때문이라고 합니다. 이러한 해석은 정치인들의 행동과 정책에 대한 손쉬운 정당화입니다. 그러나 학자로서 우리는 분명히 결함이 있는 이 설명을 넘어 좀더 심층적으로 들여다봐야 할 책임이 있습니다. 미중 관계 악화가 정말로 민주주의와 권위주의 사이의 충돌에 관한 것만이라면, 왜 민주주의적인 미국과 권위주의적인 중국은 1990년대와 2000년대에 그렇게 사이좋은 관계를 유지했을까요? 어떤 이들은 시진핑이 그의 전임자인 후진타오나 장쩌민보다 훨씬 더 독재적이며, 그 차이가 이제 더 뚜렷해진 것이라 이야기합니다. 하지만 그런가요? 덩샤오핑은 군대를 동원해 시위하는 시민들에게 발포하고 탱크로 중국 공산당의 권력을 유지시켰습니다. 그러나 미국과 세계의 민주주의 진영은 대체로 덩샤오핑이 함께 사업을 하기에 지나치게 독재적이라고는 보지 않았지요. 역사를 살펴보면, 자본주의적 민주 국가들은 독재자들과 거래하고 동맹을 맺는 것을 결코 꺼리지 않았습니다. 민주주의와 권위주의의 차이는 결코 방해가 되지 않았지요. 어떤 이유로 미중 관계에서 이 차이가 갑자기 중요해졌을

까요? 뭔가 더 깊이 살펴볼 필요가 있습니다. 제 연구와 책은 이 질문에 대한 답을 찾고자 했습니다. 미중 관계의 가능성 있는 시나리오를 탐색하고 관계 악화가 파국으로 치닫는 것을 막기 위해 무엇을 할 수 있을지 살펴보고자 우리는 우선 지금의 상황에 이르게 된 기저의 힘을 밝혀낼 필요가 있습니다.

장홍: 당신은 미국과 중국의 충돌이 두 '제국' 사이의 충돌이며, 그것은 '제국 간 경쟁'이라고 주장했습니다. 당신은 두 '제국'의 본질을 어떻게 이해하고 있습니까? 당신의 분석에서 분명히 알 수 있듯이 중국이 미국 주도의 체제 속에서 성장하며 미국 제국을 만드는 데 중요한 역할을 했다는 점을 고려하면, 중국은 미국 제국의 어디까지 도전할 수 있을까요? 아니면 그들은 공생관계에 갇혀 있는 걸까요? 디커플링은 일어날 수 있습니까?

홍호펑: 제가 책에서 정의했듯이 '제국'은 주권적 공간을 넘어 정치적, 군사적 힘을 투사하려는 능력과 야망을 가진 국가를 말합니다. 기성 제국으로서의 미국은 기존의 영국과 프랑스 제국이 보유했던 것만큼 공식적인 식민지를 많이 가지고 있지는 않은 '비공식 제국'입니다. 중국은 부상하고 있는 비공식 제국이자 후발 제국이며, 관방 지식인들은 '제국'을 긍정적인 단어로 쓰면서 그들이 제국주의적 야망을 드러내는 데 더 개방적인 상황입니다.

두 제국 사이의 사회경제적 통합은 제국 간 경쟁이 일어나거나 확대되는 것을 막지는 못할 것입니다. 이와 관련해서는 20세기 초반 영국과 독일의 경쟁관계와 비교하는 것이 유용합니다. 1914년 6월, 영국의 한 경제학자는 왕립통계학회에서 기조연설을 하면서 모든 경제 통계에서 영국과 독일 제국이 무역, 투자 및 모든 부문에서 밀접한 연관관계를 가지고 있음을 확인할 수 있다고 말했습니다.[7] 그는 영국과 독일이 이러한 호혜적이고 상호 이익이 되는 관계를 유지할 것이며, 독일을 전도유망한 하위 파트너로 삼아 양국이 갈등에 휘말리지 않을 것이라고 전망했습니다. 그리고 우리 모두는 불과 몇 달 후에 무슨 일이 일어났는지 알고 있습니다. 실제로 당시 영국과 독일의 통합 정도는 오늘날 미국과 중국의 통합 정도보다 훨씬 더 깊었습니다. 두 나라의 통치 엘리트들은 서로 혼인관계였습니다. 영국 제국의 왕가인 윈저 왕조(제1차 세계대전 이전에는 작센코부르크고타 왕조)는 절반이 독일 혈통이었습니다. 독일 제국의 황제였던 빌헬름 2세의 어머니는 영국인이었고 빅토리아 여왕의 장녀였습니다. 제1차 세계대전 전야에 있었던 영국과 독일 두 나라의 지배 계급은 굳이 현재 상황과 비교하자면 조 바이든 미국 대통령이나 도널드 트럼프 전 대통령의 아들이 시진핑의 딸과 결혼한 것이라고 할 수 있을 정도로 통합되어 있었습니다. 게다가 대영제국은 제1차 세계대전 직전에 독일의 가장 큰 수출 대상국이자 수입 대상국이었습니다. 그러나 그 수준의 통합으로도 두 제국이 전쟁으로 향해 가는 것을 막지 못했습니다. 지정학과 자본 축적의 명령이 지닌 압도적인 무게는 너무나 강력했습니다.

하지만 낙관적인 예상에도 근거가 있습니다. 20세기 초의 독일과 비교하면, 오늘날 중국은 점점 더 군사화되고 공격적으로 변하고는 있지만 당시의 독일보다는 훨씬 덜 군국주의적입니다(그리고 그 측면에서 오늘날의 러시아보다 덜 군국주의적입니다). 19세기나 20세기 초 독일과 달리 중국은 1979년 베트남과의 전쟁 이후로 심각한 군사적 충돌에 군대를 동원하지 않았습니다. 가장 최근의 심각한 군사적 동원은 1989년에 있었는데, 이때 중국 인민해방군은 국내의 시위를 진압하기 위해 동원된 것입니다. 만약 당-국가 엘리트들이 이성적이라면, (비록 그럴 가능성은 점차 줄어들고 있지만) 미국과의 심각한 군사적 충돌을 피하기 위해 매우 신중해야 합니다. 이는 중국 당국이 우크라이나에서 러시아의 군사적 모험이 재앙으로 전락하는 것을 지켜보면서 더 분명해지고 있습니다. 따라서 저는 미국과 중국 간의 경쟁이 악화될 것으로 예상하지만, 직접적인 군사적 충돌보다는 WHO, WTO, UN 등과 같은 글로벌 통치 기구에서의 경쟁으로 연결될 가능성이 상당히 높다고 낙관하는 편입니다.

장훙: 저는 당신이 중국과 미국 국가에 대해 각각 다른 방식으로 접근했다는 것에 주목하고 있습니다. 중국에 대해서는 당-국가의 자율성에 상당히 비중을 두었고 미국의 기업 행위자들은 상대적으로

덜 중시합니다. 이는 중국 당-국가의 1990년대 미국 기업의 이익에 대한 수용과 2010년대 산업 정책 및 지정학적 어젠다 추구에 대한 당신의 분석에서 잘 드러납니다. 하지만 미국에 대한 분석에서 당신은 기업 행위자들을 가장 중요한 행위자로 간주합니다. 당신의 분석 구도에서 미국 외교 정책의 방향을 궁극적으로 결정하는 것은 기업 부문의 종합적인 선호인 반면, 지정학적 또는 이데올로기적 고려에 기반한 힘들은 부차적입니다. 어떻게 보면, 당신이 중국 국가를 그려 내는 방식은 좀더 베버주의적이라면, 미국 국가를 설명하는 방식은 마르크스주의적입니다. 왜 그렇게 비대칭적인 방식으로 접근했나요?

홍호펑: 예, 모든 국가는 기업에 대해 더 자율적인 요소와 더불어 기업 혹은 다른 지배적 사회 집단에 의해 영향을 받거나 포획되는 요소를 모두 가지고 있습니다. 이 두 요소 간의 상대적인 비중의 차이는 국가마다 다 다릅니다.

테다 스카치폴은 고전이 된 저서 『국가의 복귀Bringing the State Back In』(1985, 북미 사회과학계에 베버주의적 국가론을 도입시킨 책) 서문에서 베버주의의 국가중심적 접근법이 독일에서 발전한 것은 우연이 아니라고 지적합니다. 그것은 비스마르크 시대 이후 독일의 국가 형성, 전쟁 조장, 산업 발전 과정에서 중앙집권적인 국가의 강력한 손과 관련이 있습니다. 반면 계급을 강조하는 마르크스주의적 접근법과 이익집단을 강조하는 (로버트 달 식의) 다원주의적 접근법을 포함하는 사회중심적 접근법은 사회 집단이 정책 형성에 많은 지점에서 개입하는 정치체제를 가지고 있기에 영국과 미국 학계에서 지배적이었습니다. 미국과 영국에서 사회중심적 접근법이 우위를 차지했기에 학자들은 국가의 특정한 핵심 요소들이 고도로 자율성을 가지고 있으며, 베버주의의 논리에 따라 기능하고 있다는 것을 잊어버립니다. 스카치폴에 따르면 미국의 경우 외교 정책 기구는 국가의 그러한 구성 요소 중 하나입니다.

미국과 중국의 정치체제 간의 차이는 미국/영국과 독일의 정치체제 간의 차이와 맥락상 유사합니다. 제 저서『제국의 충돌』에서 미국과 중국의 정책 형성에 대한 분석은 정확히는 마르크스주의적이지만은 않습니다. 좀더 정확히는 마르크스주의-베버주의적이라고 할 수 있습니다. 미국의 세계 권력과 위신을 유지하려는 베버주의적 강박에 따라 미국의 외교 정책 엘리트들은 1990년대 초 냉전의 종식 이후 중국을 지정학적 경쟁자로 보고 있습니다. 그러나 재무부, 국가경제위원회, 의회 등 경제 정책 형성의 중심을 이루는 국가의 다른 기구들은 거대 기업의 영향력에 더 개방적인 편입니다. 1990년대와 2000년대에 미국 기업들은 외교 정책 수립에서 대립하려는 경향을 저지하기 위해서 위의 국가 기구들에 영향을 미쳤습니다. 2010년대에 들어서야 미국 기업들의 이해관계와 국가의 지정학적 이해관계가 중국에 대립적인 방향으로 일치하고 나서야 미국의 대중국 정책은 완전히 대립의 방향으로 전환되었습니다.

이와는 대조적으로 중국의 당-국가 자본주의 체제에서는 경제 및 대외 정책 결정 과정이 당-국가 엘리트의 최상층부에 고도로 집중되어 있습니다. 기업의 경제적 성장과 수익성은 당-국가 엘리트들의 정책 결정에 있어 여러 고려 사항 중 하나이지만, 이러한 고려 사항은 모두 중국과 세계에서 당-국가 권력이 유지되고 확장되어야 한다는 목표 아래에 종속되어 있습니다. 기업들은 정치적으로 아무리 좋은 정치적 연줄을 가지고 있더라도 당-국가의 재량에 속해 있습니다. 중국의 빅테크 회사들의 발전이 이를 가장 잘 보여주는 사례입니다. 국가는 그 기업들을 키워냈고 중국 시장을 독점하도록 도와줬습니다. 그러나 국가가 그 기업들이 위협이 된다고 느끼자 가차없이 단속하기 시작했습니다. 중국에서 국가에 대한 기업의 자율적인 영향력은 미국에서 국가에 대해 기업이 갖는 권력과 비교할 수 없습니다. 당-국가의 대전략에 모든 규칙이 종속되는 중국 정치경제의 이러한 특징은 러시 도시의 저서 『롱 게임』(2021)에 꼼꼼하게 분석되어 있습니다. 저는 『제국의 충돌』의 집필을 완료하고 나서야 그 책을 읽을 기회가 있었습니다. 만약 그 전에 읽었다면 참고문헌에 반드시 그 책을 포함시켰겠지요.

장훙: 당신의 분석은 기업의 이익과 그 외 구조적 설명에 초점을 맞추고 있지만, 정치적 책략이나 상황적 우발성에 여지를 두고 있는 것

을 보면 구조적 결정론을 피하려고 노력하는 것 같습니다. 지난 30년을 돌이켜보면 미중 관계의 다른 역사가 가능했던 것으로 상상할 수 있을까요? 지나고 나서 보자면 더 나은 정책의 선택지가 있었을까요?

홍호펑: 제 견해로는 빌 클린턴 대통령이 1994년에 중국 상품의 저관세 미국 시장 접근을 중국의 인권 상황과 연계한 정책을 뒤집은 것은 잘못되었습니다. 그것은 불가피한 조치가 아니었습니다. 제가 책에서 설명한 것과 같이 클린턴 행정부는 이 문제로 분열되었습니다. 국무부와 의회의 많은 민주당 의원은 이 연계 조치를 유지할 것을 공언했지만 새로 만들어진 국가경제위원회의 수장인 로버트 루빈은 이 연계 조치를 끊어내는 데 전념했습니다. 역시 책에서 설명했지만 당시 미국의 주요 기업들은 중국을 아직 거대한 시장으로 보지 않았습니다. 1994년 북미자유무역협정NAFTA이 발효되었을 때, 당시의 지구화는 NAFTA를 아메리카 대륙 전체의 자유무역협정으로 키워나가려는 것에 가까웠습니다. 무역과 인권을 연계한 조치를 끊어내기 위해서 적극적으로 로비를 한 것은 베이징 당국에 의해 동원된 기업들이었습니다. 그리고 중국 당국이 승리했지요. 1990년대 내내 그 연계 조치가 지속되었다고 가정해보죠. 만약 그랬다면, 중국 공산당 내에 좀더 진보 성향의 엘리트들이 있었고 베이징 당국이 스스로 좀더 취약하다고 느끼며 외부의 영향에 좀더 개방적이

었던 그 시기에 더 많은 진보적 변화를 채택할 수 있도록 압력을 가할 수 있었을 것입니다. 중국의 개방과 그에 따른 미국의 대중국 아웃소싱은 좀더 점진적이었을 것이며, 미국의 노동계급에 미치는 중국의 영향은 완화되었을 것입니다. 그것은 가지 않은 길이지요.

최근의 '위구르 강제노동 방지법'은 수출업자가 강제노동을 사용하지 않았다는 것을 입증하지 않는 한 신장 위구르 지역에서 생산된 모든 상품을 금지하는 것입니다. 이 법은 1993년 클린턴의 대중국 무역 정책 원칙, 즉 중국 상품의 미국 시장 접근을 중국의 인권 상황과 연계시킨다는 방향으로 돌아가고 있습니다. 그러나 이제는 중국의 방향을 바꾸라는 압력을 가하기에는 너무 늦었지요. 이런 조치들로 가장 가능성이 높은 결과는 세계 경제가 두 개의 경쟁하는 진영으로 나뉘는 데 속도가 붙는 것입니다. 그것이 바로 많은 사람이 디커플링이라고 부르는 과정이지요.

장홍: 당신은 또한 이 책에서 클린턴 행정부가 최혜국대우MFN를 중국의 인권 상황과 연계시키지 않기로 결정했을 때 제시한 '건설적 관여constructive engagement' 주장에 대해 의문을 제기합니다. 당시 클린턴 행정부는 '건설적 관여'를 통해 중국을 세계 무역 시스템에 통합시키면 중국 정치체제의 자유화로 이어질 수 있다고 주장했지요. 이것은 물론 헛된 희망으로 판명되었지만 당신은 그 정책이 진정한 열망이 아니라 오히려 기업의 이익을 위한 정책을 은폐한 것이라고

생각하십니까?

홍호펑: 세계 무역 시스템에 참여하는 것이 자동으로 정치적 자유화로 이어질 수 있다는 관념은 아마도 현대 정치 담론에서 가장 솔직하지 못한 거짓말일 것입니다. 전후 역사를 통틀어 너무나 많은 독재 정권이 세계 무역에 참여하면서 번창했습니다. 피노체트의 칠레에서 사우디아라비아에 이르기까지 시장자본주의는 결코 권위주의 체제를 침식시키지 않았고 오히려 그 체제가 유지되는 데 도움을 주었습니다. 시장자본주의는 권위주의에 유리하지는 않을지라도 완벽하게 적응할 수 있습니다. 중국에 대한 경제적 포용이 중국의 정치적 자유화를 촉진시킬 수 있다는 관념은 1993~1994년에 클린턴 행정부가 중국 정책을 180도 전환시킨 것을 변명하기 위한 속이 뻔히 들여다보이는 시도에 지나지 않습니다. 이 내용은 제가 『제국의 충돌』에서 자세히 다뤘습니다. 클린턴 취임 첫해에 정부는 중국 상품의 저관세 미국 시장 접근을 중국의 인권 상황과 연계시켰지요. 강도 높은 기업들의 로비 이후, 클린턴은 1994년에 이 정책을 철회했습니다. 그 후 자유무역과 정치적 자유화 사이의 인과관계에 대한 이론이 이 급격한 정책 변화를 정당화하기 위해 서둘러 만들어졌습니다. 이 이론은 이러한 정책 변화를 기업의 협박에 굴복하는 것처럼 보이기보다는 세계의 이익을 위해 잘 고안된 정책처럼 보이게 하는 것을 목표로 했습니다.

참으로 역설적인 것은 우리가 이런 종류의 '건설적 관여' 주장을 그 전에 본 적이 있다는 것입니다. 바로 남북전쟁 시기입니다. 영국의 많은 자유무역 옹호자와 큰 기업들은 저항하고 있던 남부를 지지했고 남부의 노예 노동을 통해 값싼 면화를 계속 얻고자 했습니다. 『이코노미스트』와 다수의 자유주의 사상가를 비롯해 당시 영국의 대표적 지식인들은 영국이 남부를 지원하고 에이브러햄 링컨과 싸워야 한다고 주장했습니다. 영국이 그렇게 해야만 남부연합이 노예제도를 점진적이고 평화롭게 폐지하도록 설득할 수 있다는 것이었습니다. 당시 영국에서 많은 사람이 링컨을 반反자유무역 독재 괴물로 묘사하기도 했지요. 돌이켜보면, 지금은 모두가 그 주장이 노예 노동에서 나오는 값싼 제품을 원하는 영국 이해관계자들의 요구에 대한 위선적 은폐에 불과하다는 것을 알고 있습니다. 바로 '건설적 관여'론의 19세기 버전이지요.

장홍: 당신은 앞으로 몇 년 동안 미국과 중국의 경쟁이 치열해질 것이라고 예상하지만 책의 마지막 부분에서는 여전히 치명적인 충돌을 피하기 위해 국제 기구들의 중재 역할 및 미국과 중국 경제의 균형을 맞추기 위한 재조정에 희망을 걸고 있는 것으로 보입니다. 그러한 재조정이 일어날 수 있다고 보시나요? 중국에서는 재분배 또는 심지어 '3차 분배'에 관한 이야기가 더 많이 들려오기 시작했습니다. 이런 주제들은 코로나19 봉쇄 조치로 심각한 타격을 입은 중국 경

제의 성장을 유지하는 것이 긴급한 문제가 되면서 2021년 중반까지는 그다지 중요하게 여겨지지 않았지요. 미국에서는 제조업 일자리를 회복시키고 인프라 시설, 복지, 녹색 경제에 더 많은 투자를 추진하려는 것들이 보이기도 합니다. 당신은 나라마다 자기 교정 장치가 있고 그 장치들이 충분히 강력하다고 생각하십니까?

홍호펑: 앞서 논의한 바와 같이 중국이 100년 전 독일보다 훨씬 덜 군사주의적이라는 사실이 낙관론의 한 이유입니다. 미국과 중국의 경쟁관계 격화가 국제 기구 안에서 두 나라 사이의 경쟁으로 제한될 가능성이 있습니다. 하지만 미국과 중국의 국내 재조정 부분에 있어서는 덜 낙관적입니다. 중국 정부는 적어도 1990년대 후반부터 재분배를 통해 가계 소비를 활성화시켜 경제를 재조정하려는 방안을 논의해왔습니다. 주룽지(1998~2003년 국무원 총리)는 1997~1998년 아시아 금융위기 직후에, 원자바오(2003~2013년 국무원 총리)는 2008년 글로벌 금융위기 이후에 이런 방안을 거론했습니다. 중국 경제가 세계 경제의 역풍을 맞을 때마다 베이징 당국이 재분배 방침과 국내 가계 소비 진작을 시도하는 것은 패턴입니다. 그러나 매번 재분배는 일어나지 않았고 정부는 결국 지금과 마찬가지로 경제성장을 뒷받침하기 위해 더 많은 대출로 투자를 자극하는 낡은 수법에 의존했습니다. 이 방법은 일시적인 경기 침체를 방지하지만 장기적으로는 불평등과 경제 불균형을 악화시킵니다. 재분배 정책

의 도입과 실패가 반복되는 것은 중국의 정책 결정 과정에서 노동자와 농민의 제도적 대표성이 부족하기 때문입니다. 지난 20년 동안 중요한 재분배 개혁을 이룬 큰 개발도상국은 룰라 대통령(2003~2011년 재임) 시기의 브라질입니다. 당시 브라질은 국제적으로 호평을 받는 '볼사 파밀리아Bolsa Familia'라는 빈곤층에 대한 직접 현금 이전 프로그램을 실시했습니다. 그 제도는 가난한 사람들에 의해 선출되고 가난한 사람들을 대표하는 정부에 의해 만들어졌습니다. 일단 이 제도가 자리잡고 인기를 끌자 2019년 브라질 대통령이 된 보우소나루조차 이를 폐기할 수 없었습니다. 브라질의 정치 과정과 비교해보면, 중국의 당-국가 엘리트들은 국유 기업이나 정치적으로 연결 고리를 가진 민간 기업과 더 유착되어 있기에 대출-투자의 확장 모델에 중독되어서 진정한 재분배 개혁을 추구할 수 없다는 것을 알 수 있습니다.

저는 산업의 리쇼어링reshoring 정책을 통한 미국의 재조정에도 마찬가지로 비관적입니다. 미국의 제조업은 수십 년 동안 해외의 값싼 노동력에 의존함으로써 엄청난 이익을 누려왔습니다. 무역 전쟁과 중국과의 디커플링에 대한 워싱턴 당국의 요구와 더불어, 외국 기업들이 중국의 제로 코로나 정책을 경험한 이후 디커플링은 가속화될 것이기 때문에 미국 기업들은 중국에 대한 노출을 줄여나갈 동기가 생길 것입니다. 하지만 이 기업들 대다수는 미국으로 돌아올 가능성이 크지 않습니다. 전략적으로 매우 중요해 워싱턴 당국이 본국으로의 복귀에 보조금을 지급할 의향이 있는 것으로 간주되는 부문에는 몇 가지 예외가 있을 수 있습니다. 반도체와 희토류 채굴은 두 가지 사례가 될 수 있습니다. 그러나 대부분의 기업에게 있어서 중국과의 디커플링은 동남아시아와 남아시아의 다른 저임금 국가 및 그 외 지역의 개발도상국으로의 이전을 의미할 뿐입니다. 따라서 미국과 중국 두 나라에서 모두 불균형 문제는 더 나아질 기미가 보이지 않기 때문에 자본 수출에 대한 충동과 이 두 나라 사이의 자본 간 경쟁은 늘어날 수밖에 없을 것이며, 그 결과 향후 몇 년 동안 지정학적 경쟁은 불가피하게 격화될 것입니다.

홍호평의 『차이나 붐: 왜 중국은 세계를 지배할 수 없는가』를 번역 출간한 지 1년 만에 후속작인 이 책을 번역하게 됐다. 이 책을 맡은 이유는 우선 『차이나 붐』을 국내에 소개했을 때 독자들이 2018년부터 본격화됐던 미중 무역 분쟁 이후의 미중 관계 변화와 글로벌 가치사슬의 변동 등 지구적 자본주의의 급변하는 양상을 2015년에 출간된 원서가 담지 못하고 있다며 아쉬움을 드러냈기 때문이다. 마침 저자인 홍호평 선생이 그 후속 내용을 다룬 이 책을 곧 출간할 거라는 소식을 알려줬고 영미권 출간에 맞춰 원고를 공유해준 덕분에 빠른 속도로 번역을 마칠 수 있었다.

이 책은 최근의 미중 관계 변화를 좀더 심층적으로 탐구해 그 변화 요인의 역사적 맥락을 짚어보는 동시에 이 변화들이 다시 지구 정치경제에 어떤 영향을 끼칠 것인지를 분석하고 있다. 부제에서도 드러나듯이 냉전 이후 1990년대에서 2000년대를 거치면서 '차이메리카'라 불릴 정도로 미국과 중국의 관계는 밀착되어 있었지만, 2008년 글로벌 금융위기 이후 이 관계에 균열이 나기 시작했고 최근 몇 년간 그 갈등은 지구적 혼돈으로 이어지고 있다. 애덤 투즈는 2008년 글로벌 금융위기를 분석하면서 "우리가 현재 마주하고 있는 현실은 위기의 반복이 아닌 위기의 돌연변이와 전이轉移이며, 2007~2012년의 금융위기와 경제위기는 2013년과 2017년 사이에 탈냉전 질서 전반의 정치적·지정학적 위기로 변모했다"고 단언했다. 2018년부터 미중 사이에는 좀더 전면적인 무역 분쟁이 시작되었다. 처음에는 이전의 몇 차례 무역 분쟁과 마찬가지로 단기간에 봉합될 듯 보였지만, 이후 두 나라의 갈등은 첨단 기술과 국가의 산업 정책으로 번져나갔으며, 현재는 타이완해협을 사이에 두고 일촉즉발의 정세에까지 이르렀다.

현재 미국과 중국의 심각한 충돌 양상은 전 세계 여러 나라에 많은 영향을 주고 있다. 한국에서는 한중수교 30주년을 맞이했음에도 불구하고 최근 고조되고 있는 반중 정서가 연일 언론에 오르내릴 정도로 이슈가 되고 있다. 특히 중국과 미국 사이에서 어떤 편을 택해야 할지가 몇 년 전부터 국제관계와 관련해 가장 중요한 논쟁 주제가 되고 있으며, 지난 대선에서도 유력 후보들 사이에서 가장 큰 쟁점 중 하나였다. 하지만 둘 사이에서 어디에 줄을 서야 하는지에 대한 자극적인 이분법 구도의 논쟁 가운데 미중 관계 변화의 역사적 경로와 본질을 짚어보자는 깊이 있는 논의는 찾아보기 힘들었다. 이 책은 피상적인 이분법적 구도를 넘어 미중 관계가 역사적으로 어떻게 형성되어왔으며 어떤 요인들로 인해 변화하고 있는지, 그리고 향후 세계정세는 어떻게 변화해나갈지를 총체적으로 보여주고 있다. 즉 현재 한국의 중국 담론 지형에 꼭 필요한 내용을 담고 있다고 여겨진다. 무엇보다 이 책이 현재의 대결 구도와 교착 상태에서 벗어나기 위한 해법으로 제시하고 있는 것은 양국의 내부 불평등 해결인데, 이는 양국만의 문제가 아니라 우리의 문제이기도 하다는 점에서 더욱 주목을 요한다.

한국어판에는 급변하는 세계정세를 좀더 시의성 있게 다각도로 담아내기 위해 저자와 직접 상의해 책 본문에 포함되지 않았던 두 편의 대담과 한 편의 논문을 부록으로 실었다. 「위기에 빠진 중국의 성장 모델」은 2021년 11월 미국의 진보적 잡지인 『자코뱅』에 게재되었던 논문으로 헝다 파산 위기를 맞아 중국의 부동산 위기와 지방정부의 부채 문제, 당-국가가 새로 내건 '공동 부유'의 슬로건 등을 분석하고 있다. 「중국의 세기가 시작되었다고 선언하기에는 너무 이르다」 역시 『자코뱅』과 2022년 1월에 진행했던 대담으로 중국의 코로나19 팬데믹 대응을 비롯해 시진핑 체제의 특성과 중국의 사회운동 등에 관한 내용을 담고 있다. 「제국의 충돌: 홍호평과의 대담」은 비판적 중국 연구자들이 2022년 7월에 새로 창간한 연구 웹진인 『글로벌차이나펄스』 1호에 실린 것으로 이 책의 전반적인 내용을 소개하는 동시에 최근 정세에 관한 예측을 시도하고 있다. 이 부록들이 책의 내용을 좀더 입체적으로 이해하는 데 도움이 되기를 바라며, 전작인 『차이나 붐』과 함께 읽으면 심층적으로 이해하는 데 좋은 길잡이가 되리라 본다. 마침 홍호펑 선생이 EBS「위대한 수업, 그레이트 마인즈」 시즌 2의 강연자로 섭외되어 『차이나 붐』과 『제국의 충돌』에 관한 강연을 진행할 예정이다. 독서와 더불어 저자의 강연 영상을 통해 중국의 경제적 부상과 미중 관계, 지구적 자본주의의 변화에 대한 탐구를 함께하는 것도 좋은 기회가 될 것이다.

마지막으로 지난여름 번역 작업에 집중할 수 있도록 배려해준 가족과 학과 동료 선생님들께 깊이 감사드리며, 함께 작업해주신 강성민 글항아리 대표님을 비롯해 편집자분들, 그리고 출판 및 배달 노동자들께도 깊이 감사드린다.

2022년 10월 옮긴이

주註

1장

1. 예를 들어 Allison and Treverton 1992; Nye 1991.

2. Ferguson 2019; Kaplan 2019.

3. Macfarlane 2020; Milanovic 2019.

4. Feng 2020; Guo and He 2020; Meyers 2020 참조.

5. Blumenthal 2020.

6. Ferguson and Schularick 2007.

7. Bergsten 2005; Zoellick and Lin 2009.

8. Pillsbury 2015.

9. Allison 2017.

10. Colby and Mitchell 2020; Foreign Affairs 2020; Jones 2020.

11. Hopewell 2016.

12. deGraaf 2020 등.

13. Krasner 1978; Skocpol 1985; Walt 2018.

14. Weber 2013[1922]: 921–22.

15. Dreiling and Darves 2016; Panitch and Gindin 2013; Robinson 1996.

16. Arrighi 1994; Arrighi and Silver 1999; Van Apeldoorn and de Graaff 2016.

2장

1. Arrighi 1994; Silver 2003.

2. Brenner 2003.

3. Arrighi 2007, 4-6장; Brenner 2003.

4. Harvey 2007; Arrighi 2007, 4-6장; Arrighi and Silver 1999, 3장; Stein 2011.

5. Hung 2018; Hung and Thompson 2016.

6. 세계은행.

7. Hung 2018.

8. Prasad 2012.

9. Klein and Pettis 2020, 6장.

10. Garvin 2003, 20; Eichengreen 2011, 71; Posen 2008; Strange 1980.

11. Bienefeld 2000.

12. Bernstein and Monro 1997; Callahan 2005; Huntington 1996; King 2005; Storey and Yee 2002.

13. Hung 2016, 2-3장.

14. Hung 2016, 3장.

15. Zhu 2011, 392-93.

16. Heritage Foundation 1979; Kuo 1994.

17. Lampton 1994, 601-3, 617-18.

18. Destler 2005, 211-13; Lampton 1994; Sutter 1998; Zeng 2004, 4장.

19. Lampton 1994; Sutter 1998; Zeng 2004, 4장.

20. Hung 2020a.

21. ProQuest US Newsstream, www. proquest.com/usnews/advanced Congressional Record, www. congress.gov/congressional-record.

22. Witkin 1972.

23. Hung 2020a, 표4.

24. Gerth 1998.

25. Zeng 2004, 112, 122.

26. Campbell 2015.

27. Krueger 2000에서 재인용.

28. Dolan and Rosati 2006; Lampton 1994, 606.

29. Stiglitz 2002, XIV.

30. Lampton 1994, 608.

31. Inside US Trade 1994a.

32. Inside US Trade 1994b.

33. H. J. Res. 373, 103rd Congress.

34. US Congress 1994b, 20477.

35. HR 4590, 103rd Congress.

36. US Congress 1994b, 20507-09.

37. US Congress 1994a, 5791.

38. Silverstein 2007; Sutter 1998, 63.

39. Weisskopf 1993에서 재인용.

40. Flanigan 1994.

41. Holmes 1996.

42. Hung 2020a, 그림 2.

43. People's Daily, May 23, 1993; April 29, 1994; April 30, 1994; Warwick 1994.

44. US Congress 1993, 12153-54.

45. People's Daily, May 4, 1994; May 7, 1994; May 28, 1994.

46. Gerth 1998; Gerth and Sanger 1998; Mintz 1998; Weisskopf 1993.

47. Weisskopf 1993.

48. People's Daily, December 18, 1993.

49. People's Daily, April 30, 1994.

50. People's Daily, May 5, 1994; May 7, 1994; Schoenberger 1994.

51. Weisskopf 1993.

52. People's Daily, November 12, 1993.

53. US Congress 1993, 12153-54.

54. Warwick 1994.

55. Barnathan 1994; Luo 2000; Yan and Pitt 2002.

56. Warwick 1994, 274.

57. Johnson 2000; Lau 2006; Walter and Howie 2012, 156-64.

58. Duhigg and Bradsher 2012; LEM 2006; Prince and Plank 2012; Weinberger 2017.

59. Sebenius and Knebel 2010; Smith 2012, 251-52.

60. Wagreich 2013.

61. Dreiling and Darves 2016, 223-27; Skonieczny 2018.

62. Hung 2016, 표 3.6.

63. Hung 2016, 3장.

64. Hung 2016, 5장.

65. Ferguson and Schularick 2007.

66. Hardt and Negri 2000; Harvey 2005; Ikenberry 2004; Panitch and Gindin 2013.

3장

1. Hung 2020b.

2. Wang 2015.

3. Kennedy 2020.

4. 중국 국가통계국.

5. Pearson et al. 2020.

6. Defever and Riaño 2013; Marino 2018.

7. Rutkowski 2015.

8. Foster 2010; Lombardi and Malkin 2017.

9. Institute of International Finance 2020.

10. 중국 국가통계국.

11. 중국 국가통계국.

12. 중국 국가통계국; HSBC/Caixin.

13. Merics 2019.

14. Choi et al 2021; Shirk 2018.

15. Fewsmith and Nathan 2019; Liu et al. 2018.

16. Blumenthal 2020; Lardy 2019.

17. Campbell and Ratner 2018.

18. Blanchette 2021.

19. Kranish 2018 등 참조.

20. Johnson 2000.

21. Bolande 2001.

22. Mintz 1998.

23. Gerth and Sanger 1998; Mintz 1998; Pae 2003; Washington Post 1998.

24. Blustein 2019; Wei and Davis 2018.

25. Maranto 2020; Yang and Burkitt 2014.

26. Amcham China 2018, 2019.

27. Amcham China 2019, 62.

28. Amcham China various years.

29. Inside US Trade 2017.

30. 각 기업이 미국 증권거래위원회에 제출한 10-K 연차보고서(SEC 10-K filing).

31. Zenglein and Holzmann 2019.

32. WIPO 2020.

33. Chen 2018; Hu et al. 2017.

34. Fuller 2016, 3-4장.

35. Appelbaum et al. 2018.

36. 세계은행.

37. Forbes 2005.

38. Davis and Wei 2020a, 250.

39. Davis and Wei 2020a, 121.

40. Department of Justice 2018; Zarroli 2018.

41. Zarroli 2018에서 재인용.

42. Davis and Wei 2020a, 262.

43. 렉시스넥시스LexisNexis.

44. 예를 들어 마그네시타Magnesita Refractories Co.와 톈진 신세기내화소재유한공사天津新世紀耐火材料有限公司, Tianjin New Century Refratories Co. 간의 소송, 2019 US Dist. LEXIS 32559. https://advance.lexis.com/api/document?id=urn:contentItem:5VJ2-TKW1-F8D9-M2SF-00000-00&idtype=PID&context=1516831.

45. 예를 들어 오스타 인터내셔널Austar International. Ltd과 오스타파마 Austarpharma LLC. 간의 소송, 425 F. Supp. 3d 336. https://advance.lexis.com/api/document?collection=cases&id=urn:contentItem:5XKW-X0T1-F361-M50S-00000-00&context=.

46. 예를 들어 미국 정부와 류Liew 간의 소송, 856 F. 3d 585. https://advance.lexis.com/api/document?id=urn:contentItem:5NG8-61S1-F04K-V05B-00000-00&idtype=PID&context=1516831.

"월터 류Walter Liew가 경제 스파이 혐의로 15년 형을 선고받았다", US Department of Justice. July 11, 2014. www.justice.gov/usao-ndca/pr/walter-liew-sentenced-fif-

teen-years-prison-economic-espio-
nage.

47. Hook 2013; Mining 2020.

48. Davis and Wei 2020a, 411-13.

49. Inside US Trade 2012.

50. Acemoglu et al. 2016; Autor et al.
2016; Scott and Mokhiber 2018.

51. Blustein 2019, 5장.

52. 예를 들어 Inside US Trade(2010) 참
조.

53. 의회의 로비 공개 데이터베이스에서
수집 및 정리한 내 데이터베이스에 기초
함.

54. Inside US Trade 2015a, 2015b,
2015c.

55. Davis and Wei 2020a, 122.

56. Davis and Wei 2020a, 265.

57. US-China Business Council 2014.

58. Reuters 2011에서 재인용.

59. 미국 상원 사무처.

60. Meredith 2010에서 재인용.

61. US Chamber of Commerce and
American Chamber of Commerce
China 2017, 3.

62. AFL-CIO 2010.

63. Dongxing Securities 2019, 8.

64. Hook 2013.

65. Wagreich 2013, 150에서 재인용.

66. Wagreich 2013.

67. Davis and Wei 2020b; Leary and
Davis 2021.

68. Wagreich 2013, 151에서 재인용.

69. Lieberthal 2011.

70. Matsumoto and Watanabe 2020;
Pham 2019.

71. Homeland Security News Wire
2007.

72. Kirchgaessner 2010.

73. Menn 2012; Schmidt et al. 2012.

74. Gokey 2014.

75. Miller 2019.

4장

1. 세계은행.

2. 중국 상무부, 존스홉킨스대학 중국 아
프리카 연구소.

3. Hung 2020c.

4. Horn et al. 2019, 그림 4 및 그림 5.

5. Brautigam 2011.

6. Balding 2017.

7. Lyons 2021.

8. Hillman 2018.

9. SANY n.d.; XGMC 2019.

10. 각 기업의 재무 보고서, XC-
MG(http://data.eastmoney.com/bbsj/
yjbb/000425.html); SANY(https://
data.eastmoney.com/bbsj/
yjbb/600031.html); Zoomlion(http://

data.eastmoney.com/bbsj/
yjbb/000157,html).

11. China Daily2021; KHL 2021.

12. Inside US Trade 2011.

13. Lew et al. 2021, 22.

14. Gallagher and Porzecanski 2010;
Karl 1997; Shafer 1994.

15. Roache 2012.

16. Sly 2017.

17. Gallagher and Porzecanski 2010,
22; Gonzalez 2018.

18. Wang 2017.

19. Krause 1998.

20. Gallagher and Porzecaski 2010,
50.

21. Anderson 2011; Jepson 2020.

22. Haglung 2019; Lee 2017.

23. Jepson 2020.

24. Horn et al. 2019.

25. Runde and Olson 2018.

26. Hung 2016, 3장.

27. Kauko 2020; Koons 2013.

28. Frayer 2019.

29. Kazeem 2020; Brautigam 2020;
Gelpern et al. 2021.

30. Hamashita 2008; Kang 2010.

31. Bower 2010; Mandhana et al.
2021; O'Connor 2011.

32. Sala 2017; Shah and Jayasinghe
2020.

33. Hameed 2018.

34. Kahn 2020.

35. Parameswaran 2019; Radio Free
Asia 2019.

36. Strangio 2020.

37. Brautigam 2011.

38. French 2011.

39. Sanusi 2013.

40. Dalton and Kinch 2011.

41. Vyas and Kurmanaev 2017;
Wernau 2018.

42. Niewenhuis 2020도 참조.

43. Hung 2016, 5장.

44. Hung 2022, 3장.

45. Horn et al. 2019도 참조.

46. 세계은행.

47. US-China Economic and Security
Review Commission 2019.

48. AIIB 2020.

49. 2018년 3월 6일 AIIB 홈페이지 기준,
https://www.aiib.org/en/about-aiib/
governance/members-of-bank/
index.html.

50. Congressional Research Service
2019.

51. Hung 2015.

52. Horn et al. 2019; Strohecker 2019.

53. AIIB 2020.

54. ENR 2014; NYA International 2015.

55. Kelemen 2019.

56. Yousufzai 2020.

57. Hung 2016, 5장.

58. Frontier Services Group 2017.

59. Reuters 2019.

60. zhongguo qingnian bao 2006.

61. Jiang 2019.

5장

1. Huntington 1996.

2. Fukuyama 1992.

3. Hardt and Negri 2000.

4. Kautsky 1914.

5. Lenin 1963[1917].

6. Bersch and Kaminsky 2008; Lenin 1963[1917], 228; Young 1992.

7. Kennedy 1980; Lenin 1963[1917], 223, 261; McMeekin 2012.

8. Milward 1985.

9. 예를 들어 Roy 2019.

10. Chang 2020; Qi 2012.

11. Hobson 2018[1902], 4장.

12. Klein and Pettis 2020.

13. Hobson 2018[1902], 58.

부록

1. 『자코뱅Jacobin』, 2021년 11월 22일, https://jacobin.com/2021/11/ communist-party-china-ever-grande-housing-economic-crisis.

2. 중국 국가통계국.

3. 중국 통계연감.

4. 중국 국가통계국; HSBC/Caixin.

5. 『자코뱅Jacobin』, 2022년 1월 10일, https://jacobin.com/2022/01/ china-us-relations-covid-dol-lar-sanctions-biden.

6. 『글로벌차이나펄스Global China Pulse』, 2022년 1권 1호(창간호), https://thepeo-plesmap.net/globalchinapulse/ clash-of-empires-a-conversation-with-ho-fung-hung/.

7. Crammond 1914.

참고문헌

Acemoglu, Daron, David Autor, David Dorn, Gordon H. Hanson, and Brendan Price. 2016. "Import Competition and the Great U.S. Employment Sag of the 2000s." *Journal of Labor Economics.* Vol. 34, No. S1, S141–98.

AFL-CIO. 2010. "Statement by AFL-CIO President Richard Trumka on the Obama Administration Acceptance of 301 Trade Case." *Inside US Trade.* October 15, 2010.

AIIB. 2020. 2019 *AIIB Annual Report and Financials.* AIIB. https://bit.ly/3nBM-Kn8.

Allison, Graham T. 2017. *Destined for War: Can America and China Escape Thucydides's Trap?*,『예정된 전쟁: 미국과 중국의 패권 경쟁, 그리고 한반도의 운명』, 정혜윤 옮김, 세종, 2018.

Allison, Graham T. and Gregory F. Treverton eds. 1992. *Rethinking America's Security: Beyond Cold War to New World Order.* New York: W. W. Norton.

AmCham China. 2013, 2014, 2015, 2016, 2017, 2018, and 2019. *China Business Cli-*

mate Survey Report. Beijing: Amcham China.

Anderson, Perry. 2011. "Lula's Brazil." *London Review of Books*, March 31.

Appelbaum, Richard, Cong Cao, Xueying Han, Rachel Parker, and Denis Simon. 2018. *Innovation in China: Challenging the Global Science and Technology System.* Oxford: Polity.

Arrighi, Giovanni. 1994. *The Long Twentieth Century: Money, Power, and the Origins of Our Times,* 『장기 20세기: 화폐, 권력, 그리고 우리 시대의 기원』, 백승욱 옮김, 그린비, 2014.

Arrighi, Giovanni. 2007. *Adam Smith in Beijing: Lineages of the 21st Century,* 『베이징의 애덤 스미스: 21세기의 계보』, 강진아 옮김, 길, 2009.

Arrighi, Giovanni and Beverly Silver. 1999. *Chaos and Governance in the Modern World-System,* 『체계론으로 보는 세계사』, 최홍주 옮김, 모티브북, 2008.

Autor, David H., David Dorn, and Gordon H. Hanson. 2016. "The China Shock: Learning from Labor-Market Adjustment to Large Changes in Trade." *Annual Review of Economics.* Vol. 8, 205–40.

Balding, Christopher. 2017. "Venezuela's Road to Disaster Is Littered with Chinese Cash." *Foreign Policy,* June 6.

Barnathan, Joyce. 1994. "China's Gates Swing Open." *Bloomberg,* June 13.

Bergsten, C. Fred. 2005. *The United States and the World Economy: Foreign Economic Policy for the Next Decade.* New York: Columbia University Press.

Bernstein, Richard and Ross H. Monro. 1997. *The Coming Conflict with China.* New York: Knopf.

Bersch, Julia and Graciela L. Kaminsky. 2008. "Financial Globalization in the 19th Century: Germany as a Financial Center." Working paper, George Washington University. https://bit.ly/3FB57yR.

Bienefeld, Manfred. 2000. "Structural Adjustment: Debt Collection Device or Development Policy?" *Review: Fernand Braudel Center.* Vol. 23, No. 4, 533–82.

Blanchette, Jude. 2021. "Beijing's Visions of American Decline." *Politico,* March

11.

Blumenthal, Dan. 2020. "China's Steps Backward Began under Hu Jintao: Beijing's New Aggression and Ideological Reaction Started Well Before Xi Jinping." *Foreign Policy*, June 4.

Blustein, Paul. 2019. *Schism: China, America, and the Fracturing of the Global Trading System*. Waterloo, Ontario: CIGI Press.

Bolande, H. Asher. 2001. "AT&T's Years of Lobbying in China Yield a Minority Stake in Web Venture." *Wall Street Journal*, June 27. www.wsj.com/articles/SB993598166865781749.

Bower, Ernest Z. 2010. "China's Activities in Southeast Asia and Implications for U.S. Interests. Statement Before the US–China Economic and Security Review Commission, February 4, 2010." https://bit.ly/30Kmga2.

Brautigam, Deborah. 2011. *The Dragon's Gift: The Real Story of China in Africa*. New York: Oxford University Press.

Brautigam, Deborah. 2020. "A Critical Look at Chinese 'Debt-Trap Diplomacy': The Rise of a Meme." *Area Development and Policy*. Vol. 5, No. 1, 1–14.

Brenner, Robert. 2003. *The Boom and the Bubble: The US and the World Economy*, 『붐 앤 버블: 호황 그 이후, 세계 경제의 그늘과 미래』, 정성진 옮김, 아침이슬, 2002.

Callahan, William 2005. "How to Understand China: The Dangers and Opportunities of Being a Rising Power." *Review of International Studies*. Vol. 31, No. 4 (October 2005), 701–14.

Campbell, Kurt and Ely Ratner. 2018. "The China Reckoning: How Beijing Defied American Expectations." *Foreign Affairs*. Vol. 92, No. 2, 60–70.

Campbell, Steven. 2015. "China's Human Rights and US–China Economic Relations: Interest Group Lobbying and China's MFN Trade Status." *The International Journal of Social Sciences*. Vol. 33, No. 1, 1–17.

Caixin. n.d. Manufacturing PMI Index. www.caixinglobal.com/report/.

Chang, Che. 2020. "The Nazi Inspiring China's Communists: A decades-Old Legal Argument Used by Hitler Has Found Support in Beijing." *The Atlantic*, December 1.

Chen, Lulu Yilun. 2018. "China Claims More Patents Than Any Country – Most Are Worthless." *Bloomberg*, September 27. https://bit.ly/3HGUX1y.

China Daily. 2021. "Sany 2020 Excavator Sales Top World for First Time," June 3.

China –Latin America Cross–Council Taskforce. 2013. "Chinese Foreign Direct Investment in Latin America and the Caribbean." Economic Commission for Latin America and the Caribbean, United Nations. https://bit.ly/3x8rpou.

Choi, Eun, John Wagner Givens, Andrew W. MacDonald. 2021. "From Power Balancing to Dominant Faction in Xi Jinping's China" *China Quarterly*, 1–22. https://doi.org/10.1017/S0305741021000473.

Colby, Elbridge A. and A. Wess Mitchell. 2020. "The Age of Great–Power Competition: How the Trump Administration Refashioned American Strategy." *Foreign Affairs*. Vol. 99, No. 1, 118 –30.

Congressional Research Service. 2019. "BUILD Act: Frequently Asked Questions about the New U.S. International Development Finance Corporation." https://fas.org/sgp/crs/misc/R45461.pdf.

Dalton, Matthew and Diana Kinch. 2011. "Debate on Yuan Manipulation Moves to WTO." *Wall Street Journal*, November 16.

Davis, Bob and Lingling Wei. 2020a. *Superpower Showdown: How the Battle between Trump and Xi Threatens a New Cold War*. New York: Harper Business.

Davis, Bob and Lingling Wei. 2020b. "The Soured Romance between China and Corporate America." *Wall Street Journal*, June 5.

De Graaf, Nana, Tobias ten Brink, and Inderjeet Parmar. 2020. "China's Rise in a Liberal World Order in Transition" *Review of International Political Economy*. Vol. 27, No. 2, 191 –207.

Defever, Fabrice and Alejandro Riaño. 2013. "China's Pure Exporter Subsidies: Protectionism by Exporting." *VOXEU*, January 4. https://bit.ly/3nEiOXS.

Department of Justice. 2018. "Court Imposes Maximum Fine on Sinovel Wind Group for Theft of Trade Secrets." Office of Public Affairs, July 6. https://bit.

ly/30NdCYU.

Destler, Irving M. 2005. *American Trade Politics*. New York: Peterson Institute for International Economics.

Dolan, Chris J. and Jerel A. Rosati. 2006. "U.S. Foreign Economic Policy and the Significance of the National Economic Council." *International Studies Perspectives*. Vol. 7, No. 2, 102–23.

Dongxing Securities. 2019. Wajueji shendu baogao(Deep Report on Excavating Machines). August 19. http://pdf.dfcfw.com/pdf/H3_AP201908211344797878_1. pdf.

Dreiling, Michael C. and Derek Y. Darves. 2016. *Agents of Neoliberal Globalization: Corporate Networks, State Structures, and Trade Policy*. New York: Cambridge University Press.

Duhigg, Charles and Keith Bradsher. 2012. "How the U.S. Lost Out on iPhone Work." *New York Times*, January 21.

Eichengreen, Barry. 2011. *Exorbitant Privilege: The Rise and Fall of the Dollar and the Future of the International Monetary System*, 『달러 제국의 몰락: 70년간 세계 경제를 지배한 달러의 탄생과 추락』, 김태훈 옮김, 북하이브, 2011.

ENR. 2014. "Pushback against Chinese Workers Escalates in Africa." *Engineering News Record*, October 14.

Feng, John. 2020. "'No Turning Back' U.S.–China Relations under Biden, Taiwan Security Analyst Says." *Newsweek*, November 10.

Ferguson, Niall. 2019. "The New Cold War? It Is with China, and It Has Already Begun." *New York Times*, December 2.

Ferguson, Niall and Moritz Schularick. 2007. "'Chimerica' and the Global Asset Market Boom." *International Finance*. Vol. 10, No. 3, 215–39.

Fewsmith, Joseph and Andrew Nathan. 2019. "Authoritarian Resilience Revisited: Joseph Fewsmith with Response from Andrew J. Nathan." *Journal of Contemporary China*. Vol. 28, No. 116, 167–79.

Flanigan, James. 1994. "Clinton's Game of Chicken with China." *Los Angeles*

Times, March 16. www.latimes.com/archives/la-xpm-1994-03-16-fi-34783-story.html.

Forbes. 2005. "Turning Corn into Clothing." *Forbes*, July 10. www.forbes.com/global/2005/0110/020sidebar.html?sh=33e8c2de6306.

Foreign Affairs. 2020. "Should U.S. Foreign Policy Focus on Great-Power Competition? Foreign Affairs Asks the Experts." *Foreign Affairs*, October 13. https://fam.ag/3cB1Kve.

Foster, Peter. 2010. "WikiLeaks: China's Politburo a Cabal of Business Empires." *The Telegraph*, December 6. https://bit.ly/3qTh5zT.

Frayer, Lauren. 2019. "In Sri Lanka, China's Building Spree Is Raising Questions About Sovereignty." *NPR*, December 13. https://n.pr/3FsOlSs.

French, Howard. 2011. "In Africa, an Election Reveals Skepticism of Chinese Involvement." *The Atlantic*, September 29.

Frontier Services Group. 2017. "Frontier Services Group Strategy Update." Press Release, December 19. https://bit.ly/3qXMXU6.

Fukuyama, Francis. 1992. *The End of History and the Last Man*, 『역사의 종말: 역사의 종점에 선 최후의 인간』, 이상훈 옮김, 한마음사, 1997.

Fuller, Douglas. 2016. *Paper Tigers, Hidden Dragons: Firms and the Political Economy of China's Technological Development*. Oxford and New York: Oxford University Press.

Gallagher, Kevin and Roberto Porzecanski. 2010. *The Dragon in the Room: China and the Future of Latin American Industrialization*. Stanford, CA: Stanford University Press.

Garvin, Francis J. 2003. "Ideas, Power, and the Politics of America's International Monetary Policy during the 1960s." in Jonathan Krishner, ed., *Monetary Orders: Ambiguous Economics, Ubiquitous Politics*. Ithaca, NY: Cornell University Press, 195-217.

Gelpern, Anna, Sebastian Horn, Scott Morris, Brad Parks, and Christoph Trebesch. 2021. "How China Lends: A Rare Look into 100 Debt Contracts with

Foreign Governments." Working Paper, Center for Global Development. https://bit.ly/3DDEcSD.

Gerth, Jeff. 1998. "US Business Role in Policy on China Is Questioned." *New York Times*, April 13. https://nyti.ms/3kV2QGV.

Gerth, Jeff and David Sanger. 1998. "How Chinese Won Rights to Launch Satellites for US." *New York Times*, May 17. https://nyti.ms/32b5xgS.

Gokey, Malarie. 2014. "Obama Defends NSA Spying on Huawei – Furious China Demands Explanation." *Tech Times*, March 24.

Gonzalez, Anabel. 2018. "Latin America – China Trade and Investment amid Global Tension: A Need to Upgrade and Diversify." Atlantic Council's Adrienne Arsht Latin America Center, December.

Guo, Rui and He Huifeng. 2020. "Don't Assume US – China Relations Will Get Better under Joe Biden, Government Adviser Warns." *South China Morning Post*, November 22. https://bit.ly/3HHbYsf.

Haglung, Dan. 2019. "In It for the Long Term? Governance and Learning among Chinese Investors in Zambia's Copper Sector." *The China Quarterly*. Vol. 199, 627–46.

Hamashita, Takeshi. 2008. *China, East Asia, and the World Economy: Regional and Historical Perspectives*. New York: Routledge.

Hameed, Maham. 2018. "Infrastructure and Democracy – A Case of China – Pakistan Economic Corridor." Ho-fung Hung, ed., Special Session on "China and the Global South," *Palgrave Communications* No. 4. https://doi.org/10.1057/s41599-018-0115-7.

Hardt, Michael and Negri, Antonio. 2000. *Empire*, 『제국』, 윤수종 옮김, 이학사, 2001.

Harvey, David. 2005. *The New Imperialism*, 『신제국주의』, 최병두 옮김, 한울, 1997.

Harvey, David. 2007. *A Brief History of Neoliberalism*, 『신자유주의: 간략한 역사』, 최병두 옮김, 한울, 2009.

Heritage Foundation. 1979. "Most Favored Nation Status: Trade with Communist

Countries." Heritage Foundation Backgrounder No. 83, May 7.

Hillman, Jonathan E. 2018 "China's Belt and Road Initiative: Five Years Later." Center for Strategic and International Studies. https://bit.ly/3FyLJCt.

Hobson, John Atkinson. 2018[1902]. *Imperialism: A Study of the History, Politics, and Economics of the Colonial Powers in Europe and America*, 『제국주의론』, 신홍범·김종철 옮김, 창비, 1995.

Holmes, Stanley. 1996. "Boeing's Campaign to Protect a Market – Corporations Lobby to Save China Trade." *Seattle Times*, May 27.

Homeland Security News Wire. 2007. "White House Plans to Weaken CFIUS Security Review Powers." *Homeland Security News Wire*, November 12.

Hook, Leslie. 2013. "Caterpillar Digs into Trouble in China." *Financial Times*, February 11. www.ft.com/content/5dc97f12-7363-11e2-9e92-00144feabdc0.

Hopewell, Kristen. 2016. *Breaking the WTO: How Emerging Powers Disrupted the Neoliberal Project*. Stanford, CA: Stanford University Press.

Horn, Sebastian, Carmen M. Reinhart, and Christoph Trebesch. 2019. "China's Overseas Lending." IMF ARC, November 7. https://bit.ly/3oKGrgI.

Hu, Albert G. Z., Peng Zhang, and Lijing Zhao. 2017. "China as Number One? Evidence from China's Most Recent Patenting Surge." *Journal of Developing Economics*. Vol. 124, 107–19.

Hung, Ho-fung. 2015. "China Steps Back." *New York Times*, April 6.

Hung, Ho-fung. 2016. *The China Boom: Why China Will Not Rule the World*, 『차이나 붐: 왜 중국은 세계를 지배할 수 없는가』, 하남석 옮김, 글항아리, 2021.

Hung, Ho-fung. 2018. "Global Capitalism in the Age of Trump." *Contexts*. Vol. 17, No. 3, 40–45.

Hung, Ho-fung. 2020a. "The Periphery in the Making of Globalization: The China Lobby and the Reversal of Clinton's China Trade Policy, 1993–1994." *Review of International Political Economy*. Vol. 28, No. 4, 1004–27.

Hung, Ho-fung. 2020b. "How Capitalist Is China?" *Socio-Economic Review*. Vol. 18, No. 3, 888–92.

Hung, Ho-fung. 2020c. "China and the Global South." In Thomas Fingar and Jean Oi, eds., *Fateful Decisions: Choices That Will Shape China's Future*. Palo Alto, CA: Stanford University Press, 247-71.

Hung, Ho-fung. 2022. *City on the Edge: Hong Kong under Chinese Rule*. New York and Cambridge: Cambridge University Press.

Hung, Ho-fung and Daniel Thompson. 2016. "Money Supply, Class Power, and Inflation: Monetarism Reassessed." *American Sociological Review*. Vol. 81, No. 3, 447-66.

Huntington, Samuel. 1996. *The Clash of Civilizations and the Remaking of World Order*, 『문명의 충돌: 세계질서 재편의 핵심 변수는 무엇인가』, 이희재 옮김, 김영사, 2016.

Ikenberry, G. John. 2004. "Illusions of Empire: Defining the New American Order." *Foreign Affairs*, March/April.

Inside US Trade. 1994a. "State Protests Rubin Comments on Easing Conditions for China MFN," February 4. https://bit.ly/3DzA4mq.

Inside US Trade. 1994b. "Pelosi Blasts Proposals for Lifting Conditions on China MFN," February 11. https://bit.ly/3kVOEO1.

Inside US Trade. 2010. "Fair Currency Coalition Sends Petition to Ryan, Murphy Urging Currency Legislation," September 15. https://bit.ly/3HAxYFr.

Inside US Trade. 2011. "FTA Supporters Say U.S. Firms Losing out to China in Colombian Market," February 22. https://bit.ly/3CEgbJM.

Inside US Trade. 2012. "'Special 301' IPR Report Makes Few Changes to Country Designations," May 4. https://bit.ly/3CCI1Ge.

Inside US Trade. 2015a. "USCBC Statement on Introduced Congressional Currency Legislation," February 10. https://bit.ly/3Fys3if.

Inside US Trade. 2015b. "Backers of CVD Currency Bill Rejected IMF Assessment That Yuan Is Not Undervalued," May 29. https://bit.ly/3CCu9Mb.

Inside US Trade. 2015c. "China Currency Critics Blast New Devaluation, But Others See Market Shift," August 11. https://bit.ly/3FAkPKF.

Inside US Trade. 2017. "Survey: U.S. Businesses in China Hold Growing IP, Competition Concerns," December 7. https://bit.ly/3kRJhPG.

Institute of International Finance. 2020. "Global Debt Monitor: Sharp Spike in Debt Ratios." Institute of International Finance, July 16. https://bit.ly/3H-FeU8U.

International Trade Administration (US Department of Commerce). 2020. "Steel Export Report: China," May 2020. https://legacy.trade.gov/steel/countries/pdfs/exports-china.pdf.

Jepson, Nicholas. 2020. *In China's Wake: How the Commodity Boom Transformed Development Strategies in the Global South*. New York: Columbia University Press.

JHU CARI. n.d. China in Africa Research Initiative Database. www.saiscari.org/data.

Jiang, Shigong. 2019. "The Internal Logic of Super-Sized Political Entities: 'Empire' and World Order" (translated by David Ownby). *Reading the China Dream*. www.readingthechinadream.com/jiang-shigong-empire-and-worldorder.html.

Johnson, Geoff. 2000. "AT&T's China Foray Is Promising Development for Telecommunications Carriers." Gartner Research.

Jones, Bruce. 2020. "China and the Return of Great Power Strategic Competition." Brookings Institution.

Kahn, Imran. 2020. "IMF Asks Pakistan to Reduce 'Trade and Commerce Reliance' on China." *Business Standard*, February 14. https://bit.ly/3DGMhWt.

Kang, David C. 2010. *East Asia before the West: Five Centuries of Trade and Tribute*. New York: Columbia University Press.

Kaplan, Robert. 2019. "A New Cold War Has Begun." *Foreign Policy*, January 7. https://foreignpolicy.com/2019/01/07/a-new-cold-war-has-begun/.

Karl, Terry Lynn. 1997 *The Paradox of Plenty: Oil Booms and Petro-States*. Berkeley, CA: University of California Press.

Kauko, Karlo. 2020. "The Vanishing Interest Income of Chinese Banks as an Indicator of Loan Quality Problems." VOX EU CEPR, May 22.

Kautsky, Karl. 1914. "Ultraimperialism." *Die Neue Zeit*, September 11.

Kazeem, Yomi. 2020. "The Truth about Africa's 'debt problem' with China." *Quartz*, October 8. https://qz.com/africa/1915076/how-bad-is-africas-debt-to-china/.

Kelemen, Barbara. 2019. "China's Changing Response to Militancy in Pakistan." International Institute for Strategic Studies, September 2. www.iiss.org/blogs/analysis/2019/09/csdp-militancy-in-pakistan.

Kennedy, Paul. 1980. *The Rise of the Anglo–German Antagonism, 1860–1914*. London: George Allen & Unwin.

Kennedy, Scott. 2020. "The Biggest But Not the Strongest: China's Place in the Fortune Global 500." CSIS Report, August 18. https://bit.ly/3cBdVZg.

KHL. 2021. Yellow Table 2021. https://bit.ly/3FDEtWi.

King, Neil. 2005. "Inside Pentagon, a Scholar Shapes Views of China." *Wall Street Journal*, Sept 8.

Kirchgaessner, Stephanie. 2010. "Former US Official Joins Huawei Consultancy." *Financial Times*, October 20.

Klein, Matthew C. and Michael Pettis. 2020. *Trade Wars Are Class Wars: How Rising Inequality Distorts the Global Economy and Threatens International Peace*, 『무역 전쟁은 계급 전쟁이다』, 이은경 옮김, 시그마북스, 2021.

Koons, Cynthia. 2013. "Skepticism on China's Nonperforming Loans Despite Strong Data, Values of Country's Leading Banks Decline in Reflection of Investor Worries About Credit Quality." *Wall Street Journal*, December 3.

Kranish, Michael. 2018. "Trumps China Whisperer: How Billionaire Stephen Schwarzman Has Sought to Keep the President Close to Beijing." *Washington Post*, March 11. https://wapo.st/3pHAVNN.

Krasner, Stephen D. 1978. *Defending the National Interest: Raw Materials Investments and U.S. Foreign Policy*. Princeton, NJ: Princeton University Press.

Krause, Lawrence B. 1998. "The Economics and Politics of the Asian Financial Crisis of 1997-98." New York: Council on Foreign Relations.

Krueger, Alan B. 2000. "Economic Scene; Honest Brokers Separate Policy from Sausage for the White House." *New York Times*, November 9.

Kuo, L. Jay. 1994. "Farewell to Jackson-Vanik: The Case for Unconditional MFN Status for the People's Republic of China." *Asian American Law Journal.* Vol. 1, No. 85, 85-116.

Lampton, David M. 1994. "America's China Policy in the Age of the Finance Minister: Clinton Ends Linkage." *China Quarterly.* No. 139, 597-621.

Lardy, Nicholas. 2019. *The State Strikes Back: The End of Economic Reform in China?* Washington, DC: Peterson Institute for International Economics.

Lau, Justine. 2006. "AT&T Executive Calls for China Deregulation." *Financial Times*, April 6.

Leary, Alex and Bob Davis. 2021. "Biden's China Policy Is Emerging – and It Looks a Lot Like Trump's." *Wall Street Journal*, June 10.

Lee, Ching Kwan. 2017. *The Specter of Global China: Politics, Labor, and Foreign Investment in Africa.* Chicago, IL: University of Chicago Press.

LEM. 2006. "Beleaguered: Apple Bottoms Out, 1996 to 1998." *Low End Mac*, September 29. http://lowendmac.com/2006/beleaguered-apple-bottoms-out-1996-to-1998/.

Lenin, Vladimir Ilyich. 1963[1917]. "Imperialism, the Highest Stage of Capitalism." In Lenin: *Selected Works, Volume 1*, 『제국주의, 자본주의의 최고 단계』, 이정인 옮김, 아고라, 2017.

Lew, Jacob J., Gary Roughead, Jennifer Hillman, and David Sacks. 2021. "China's Belt and Road: Implications for the United States." New York: Council on Foreign Relations.

Lexis/Nexis. n.d. Lexis Uni Database. https://bit.ly/3CzTm9X.

Lieberthal, Kenneth. 2011. "The American Pivot to Asia." Brookings Institution, December 21. www.brookings.edu/articles/the-american-pivotto-asia/.

Liu, Mingxiang, Victor Shih, and Dong Zhang. 2018. "The Fall of the Old Guards: Explaining Decentralization in China." *Studies in Comparative and International Development*. Vol. 53, 379–403.

Lombardi, Domenico and Anton Malkin. 2017. "Domestic Politics and External Financial Liberalization in China: The Capacity and Fragility of External Market Pressure." *Journal of Contemporary China*. Vol. 26, No. 108, 785–800. https://doi.org/10.1080/10670564.2017.1337291.

Luo, Yadong. 2000. *How to Enter China: Choices and Lessons*, 『중국은 무한시장이다』, 윤태형 옮김, 문화디자인, 2003.

Lyons, Paul. 2021. *Winning without Warring? The Geostrategic Implications of China's Foreign Direct Investments on Southeast Asia and the South China Sea Sovereignty Disputes*. Doctor of International Affairs Dissertation, School of Advanced International Studies, Johns Hopkins University.

Macfarlane, Laurie. 2020. "A Spectre Is Haunting the West – the Spectre of Authoritarian Capitalism." *Open Democracy*, April 16. https://bit.ly/3CCHVhG.

Mandhana, Niharika, Warren P. Strobel, and Feliz Solomon. 2021. "Coup Puts Myanmar at the Center of U.S.–China Clash." *Wall Street Journal*, February 2.

Maranto, Lauren. 2020. "Who Benefits from China's Cybersecurity Laws?" Center for Strategic and International Studies, June 25. https://bit.ly/316WgpT.

Marino, Rich. 2018. *Chinese Trade: Trade Deficits, State Subsidies and the Rise of China*. London and New York: Routledge.

Matsumoto, Norio and Naoki Watanabe. 2020. "Huawei's Base Station Teardown Shows Dependence on US-Made Parts." *Nikkei Asia*, October 12. https://s.nikkei.com/3Cidka3.

McMeekin, Sean. 2012. *The Berlin–Baghdad Express: The Ottoman Empire and Germany's Bid for World Power*. Cambridge, MA: Harvard University Press.

Menn, Joseph. 2012. "White House-Ordered Review Found No Evidence of Huawei Spying: Sources." *Reuters*, October 17.

Meredith, Robyn. 2010. "Growing Bearish." *Forbes*. February 10. https://bit.

ly/3GnXxZB.

Merics. 2019. "China's Caution about Loosening Cross-Border Capital Flows." Merics, June 19. https://merics.org/en/report/chinas-caution-about-loosening-cross-border-capital-flows.

Meyers, Steven Lee. 2020. "Buffeted by Trump, China Has Little Hope for Warmer Relations with Biden." *New York Times*, November 9.

Milanovic, Branko. 2019. "With the US and China, Two Types of Capitalism Are Competing with Each Other." *Promarket*, September 25. https://bit.ly/3DIu-HS0.

Miller, Maggie. 2019. "Trump Reversal on Huawei Gets Bipartisan Pushback." *The Hill*, July 2. https://bit.ly/3oTZwx4.

Milward, Alan S. (1985) "The Reichsmark Bloc and the International Economy." In H. W. Koch, ed., *Aspects of the Third Reich*. London: Palgrave, 331–59.

Mining. 2020. "Liebherr Mining Settles Lawsuit over Copycat Allegations." *Mining*, August 10. https://bit.ly/3x5joRq.

Ministry of Commerce, People's Republic of China. 2010. *Statistical Bulletin of China's Outward Foreign Direct Investment*.

Ministry of Commerce, People's Republic of China, 2015. *Statistical Bulletin of China's Outward Foreign Direct Investment*.

Ministry of Commerce, People's Republic of China. 2019. *Statistical Bulletin of China's Outward Foreign Direct Investment*.

Mintz, John. 1998. "Missile Failures Led to Loral–China Link." *Washington Post*, June 12. https://wapo.st/3cAuynS.

National Bureau of Statistics of China. n.d. *China Statistical Yearbook* (various years). www.stats.gov.cn/english/Statisticaldata/AnnualData/.

Niewenhuis, Lucas. 2020. "China's Belt and Road Lending Dries up." *SupChina*, December 8. https://bit.ly/3kWOd5Y.

Nouwens, Meia. 2018. "Guardians of the Belt and Road." International Institute for Strategic Studies. www.iiss.org/blogs/research-paper/2018/08/guardiansbelt-and-road.

NYA International. 2015. "Kidnapping Risk to Chinese Nationals." Global Kidnap for Ransom Update, April. https://bit.ly/3kVQIFL.

Nye, Joseph. 1991. *Bound To Lead: The Changing Nature Of American Power.* New York: Basic Books.

O'Connor, James. 2011. "State Building, Infrastructure Development and Chinese Energy Projects in Myanmar." Irasec's Discussion Papers, No. 10. www.irasec.com/documents/fichiers/46.pdf.

Pae, Peter. 2003. "Boeing, Hughes to Pay $32 Million for Helping China with Technology." *Los Angeles Times*, March 6. https://lat.ms/3nu7egt.

Panitch, Leo and Sam Gindin. 2013. *The Making Of Global Capitalism: The Political Economy Of American Empire.* London and New York: Verso.

Parameswaran, Prashanth. 2019. "Malaysia's Evolving Approach to China's Belt and Road Initiative." *The Diplomat*, April 23. https://bit.ly/3nAHtw5.

Pearson, Margaret, Meg Rithmire, and Kellee Tsai. 2020. "Party–State Capitalism in China." Harvard Business School Working Paper. https://hbswk.hbs.edu/item/party-state-capitalism-in-china.

Pham, Sherissa. 2019. "Losing Huawei as a Customer Could Cost US Tech Companies $11 Billion." *CNN*, May 17. www.cnn.com/2019/05/17/tech/huawei-us-ban-suppliers/index.html.

Pillsbury, Michael. 2015. *The Hundred-Year Marathon: China's Secret Strategy to Replace America as the Global Superpower,* 『백년의 마라톤: 마오쩌둥 덩샤오핑 시진핑의 세계 패권 대장정』, 한정은 옮김, 영림카디널, 2016.

Posen, Adam S. 2008. "Why the Euro Will Not Rival the Dollar." *International Finance.* Vol. 11, No. 1, 75–100.

Prasad, Monica. 2012. *The Land of Too Much: American Abundance and the Paradox of Poverty.* Cambridge, MA: Harvard University Press.

Prince, Marcelo and Willa Plank. 2012. "A Short History of Apple's Manufacturing in the U.S." *Wall Street Journal*, December 6.

Qi, Zheng. 2012. "Carl Schmitt in China." Telos. Vol. 2012, No. 160 (Fall), 29–52.

Radio Free Asia. 2019. "Mahathir: Malaysia Saves Billions in Renegotiated Railway Deal with China." *Radio Free Asia*, April 15. www.rfa.org/english/news/china/malaysia-railway-04152019170804.html.

Reuters. 2011. "Remarks by Obama and Hu at Washington News Conference." *Reuters*, January 19. https://reut.rs/3nMhktt.

Reuters. 2019. "Erik Prince Company to Build Training Centre in China's Xinjiang." *Reuters*, January 31. https://reut.rs/3ntBFUb.

Roache, Shaun K. 2012. "China's Impact on World Commodity Market." IMF Working Paper.

Robinson, William. 1996. *Promoting Polyarchy: Globalization, US Intervention, and Hegemony*. New York: Cambridge University Press.

Roy, Danny. 2019. "Assertive China: Irredentism or Expansionism?" *Survival: Global Politics and Strategy*. Vol. 61, No. 1, 51–74.

Runde, Daniel and Richard Olson. 2018. "An Economic Crisis in Pakistan Again: What's Different This Time?" Center for Strategic and International Studies, October 31. https://bit.ly/3HGpqwH.

Rutkowski, Ryan. 2015. "Deleveraging the State in China." Peterson Institute of International Economics, January 26. www.piie.com/blogs/china-economicwatch/deleveraging-state-china.

Sala, Ilaria Maria. 2017. "More Neighbors Are Saying 'No Thanks' to Chinese Money – For Now." *Quartz*, December 4.

Sanusi, Lamido. 2013. "Africa Must Get Real about Chinese Ties." *Financial Times*, March 11.

SANY. n.d. "One Belt, One Road: SANY's New Engine for Business Globalization." https://trends.directindustry.com/sany/project-52887-157428.html.

Schmidt, Michael S., Keith Bradsher, and Christine Hauser. 2012. "U.S. Panel Cites Risks in Chinese Equipment." *New York Times*, October 8.

Schoenberger, Karl. 1994. "Human Rights in China or Jobs in California? Clinton's MFN Decision Poses a Question of Conscience." *Los Angeles Times*, May 15. www.latimes.com/archives/la-xpm-1994-05-15-fi-57984-story.html.

Scott, Robert E. and Zane Mokhiber. 2018. "The China Toll Deepens: Growth in the Bilateral Trade Deficit between 2001 and 2017 Cost 3.4 Million U.S. Jobs, with Losses in Every State and Congressional District." Economic Policy Institute Report, October 23. https://bit.ly/3be6RAS.

Sebenius, James and Ellen Knebel. 2010. "Bill Nichol Negotiates with Walmart: Hard Bargains over Soft Goods." Harvard Business School Case Study, 9-910-043.

Secretary of Senate. n.d. Lobbying Disclosure Act Reports Database. https://lda.senate.gov/system/public/.

Shafer, D. Michael. 1994. *Winners and Losers: How Sectors Shape the Developmental Prospects of States*. Ithaca, NY: Cornell University Press.

Shah, Saeed and Uditha Jayasinghe. 2020. "China Regains Clout in Sri Lanka with Family's Return to Power." *Wall Street Journal*, November 28. https://on.wsj.com/3xm9g77.

Shirk, Susan. 2018 "China in Xi's 'New Era': The Return to Personalistic Rule." *Journal of Democracy*. Vol. 29, No. 2, 22–36.

Silver, Beverly. 2003. *Forces of Labor: Workers' Movement and Globalization since 1870*, 『노동의 힘: 1870년 이후의 노동자운동과 세계화』, 백승욱·윤상우·안정옥 옮김, 그린비, 2005.

Silverstein, Ken. 2007. "The New China Hands." *The Nation*, October 23.

Skocpol, Theda. 1985. "Bringing the State Back In: Strategies of Analysis in Current Research." In Peter Evans, Dietrich Rueschemeyer, and Theda Skocpol, eds., *Bringing the State Back In*. Cambridge: Cambridge University Press, 3–38.

Skonieczny, Amy. 2018. "Trading with the Enemy: Narrative, Identity and US Trade Politics." *Review of International Political Economy*. Vol. 25, No. 4, 441–62.

Sly, Maria Jose Haro. 2017. "The Argentine Portion of the Soybean Commodity Chain." *Palgrave Communications*. Vol. 4. https://doi.org/10.1057/pal-comms.2017.95.

Smith, Hedrick. 2012. *Who Stole the American Dream?* New York: Random House.

Stein, Judith. 2011. *Pivotal Decade: How the United States Traded Factories for Finance in the Seventies*. New Haven, CT: Yale University Press.

Stiglitz, Joseph. 2002. *Globalization and Its Discontents*, 『세계화와 그 불만』, 송철복 옮김, 세종연구원, 2002.

Storey, Ian and Herbert Yee. eds. 2002. *The China Threat: Perceptions, Myths and Reality*. London and New York: Routledge.

Strange, Susan. 1980. "Germany and the World Monetary System." In Wilfrid Kohl and Giorgio Basevi, eds., *West Germany: A European and Global Power*. Lexington, KY: Lexington Books, 45–62.

Strangio, Sebastian. 2020. "In UN Speech, Duterte Stiffens Philippines' Stance on the South China Sea." *The Diplomat*, September 23. https://bit.ly/3Ejsex8.

Strohecker, Karin. 2019. "REFILE–China–Backed AIIB Eyes More 2019 Bond Sales After Dollar Debut." *Reuters*, May 9. https://reut.rs/3mfso2H.

Sutter, Robert G. 1998. *U.S. Policy Toward China: An Introduction to the Role of Interest Groups*. Lantham, MD: Rowman & Littlefield.

US Chamber of Commerce and American Chamber of Commerce China. 2017. *A Blueprint for Action: Addressing Priority Issues of Concern in U.S.–China Commercial Relations*. Washington, DC: US Chamber of Commerce and American Chamber of Commerce China.

US–China Business Council. 2014. "Competition Policy and Enforcement in China." https://bit.ly/3cyq5lp.

US–China Economic and Security Review Commission. 2019. "2019 Report to Congress." https://bit.ly/3qTsqQo.

US Congress. 1993. Congressional Record, Senate, June 8. www.congress.

gov/103/crecb/1993/06/08/GPO-CRECB-1993-pt9-3-2.pdf.

US Congress. 1994a. Congressional Record, House of Representatives, March 21. www.congress.gov/103/crecb/1994/03/21/GPO-CRECB-1994-pt4-7-2.pdf.

US Congress. 1994b. Congressional Record, House of Representatives, August 9. https://bit.ly/3nDoDoe.

Van Apeldoorn, Bastiaan and Naná de Graaff. 2016. *American Grand Strategy and Corporate Elite Networks: The Open Door since the End of the Cold War.* New York: Routledge.

Vyas, Kejal and Anatoly Kurmanaev. 2017. "Goldman Sachs Bought Venezuela's State Oil Company's Bonds Last Week." *Wall Street Journal*, May 28.

Wagreich, Samuel. 2013. "Lobbying by Proxy: A Study of China's Lobbying Practices in the United States, 1979–2010 and the Implications for FARA." *Journal of Politics and Society.* Vol. 24, No. 1, 130–60.

Walt, Stephen M. 2018. *The Hell of Good Intentions: America's Foreign Policy Elite and the Decline of U.S. Primacy*, 『미국 외교의 대전략: 자유주의 패권의 연장인가, 역외균형으로의 복귀인가』, 김성훈 옮김, 김앤김북스, 2021.

Walter, Carl E. and Fraser J. T. Howie. 2012. *Red Capitalism: The Fragile Financial Foundation of China's Extraordinary Rise*, 『레드 캐피탈리즘: 장막 뒤에 숨겨진 중국 금융의 현실』, 서정아 옮김, 시그마북스, 2011.

Wang, Celine 2017. "China and Zambia's Resource Nationalism." *East Asia Forum*, March 31. https://bit.ly/3HSdJmT.

Wang, Yingyao. 2015. "The Rise of the 'Shareholding State': Financialization of Economic Management in China." *Socio-Economic Review.* Vol. 13, No. 3, 603–25.

Warwick, William. 1994. "A Review of AT&T's Business History in China: The Memorandum of Understanding in Context." *Telecommunications Policy.* Vol. 18, No. 3, 265–74.

Washington Post. 1998. "Chinese Missile Allegations: Key Stories." https://wapo.st/3oQsrlh.

Weber, Max. 2013[1922]. *Economy and Society: Volume I*, 『경제와 사회 1』, 박성환 옮김, 문학과지성사, 2003.

Wei, Lingling and Bob Davis. 2018. "How China Systematically Pries Technology from U.S. Companies: Beijing Leans on an Array of Levers to Extract Intellectual Property – Sometimes Coercively." *Wall Street Journal*, September 26. https://on.wsj.com/3x73ar1.

Weinberger, Matt. 2017. "The Story of How Steve Jobs Saved Apple from Disaster and Led It to Rule the World." *Business Insider*, January 1.

Weisskopf, Michael. 1993. "Backbone of the New China Lobby: U.S. Firms." *Washington Post*, June 14. https://wapo.st/3FrLYPU.

Wernau, Julie. 2018. "Venezuela Is in Default, but Goldman Sachs Just Got Paid." *Wall Street Journal*, April 10. https://on.wsj.com/3x62amZ.

WIPO. 2020. "China Becomes Top Filer of International Patents in 2019 amid Robust Growth for WIPO's IP Services, Treaties and Finances." World Intellectual Property Organization, April 7. www.wipo.int/pressroom/en/articles/2020/article_0005.html.

Witkin, Richard. 1972. "US Grants Boeing License to Sell 10 707's to China." *New York Times*, July 6.

World Bank. a n.d. World Development Indicators Databank. https://databank.worldbank.org/source/world-development-indicators.

World Bank b. n.d. International Debt Statistics Databank. https://databank.worldbank.org/source/international-debt-statistics.

Wu, Wendy. 2016. "AIIB and World Bank Reach Deal on Joint Projects, As China-Led Lender Prepares to Approve U. S. $1.2 Billion of Funds This Year." *South China Morning Post*, April 14.

XGMC. 2019. Xugong jituan gongcheng jixie gufen youxian gongshi 2018 niandu baogao(2018 Annual Report of XGMC), April 26. https://bit.ly/3cvAwX7.

Yan, Xu and Douglas Pitt. 2002. *Chinese Telecommunication Policy*. Boston, MA: Artech House.

Yang Jie and Laurie Burkitt. 2014. "China Denies Using Antimonopoly Law to Target Foreign Companies: Unfair Targeting Could Be in Violation of WTO Commitments." *Wall Street Journal*, September 11. https://on.wsj.com/3HGm-L6k.

Young, George F.W. 1992. "German Banking and German Imperialism in Latin America in the Wilhelmine Era." *Ibero-amerikanisches Archiv Neue Folge.* Vol. 18, No. 1/2, 31–66.

Yousufzai, Gul. 2020. "Alleged Leader of Chinese Consulate Attack in Pakistan Reported Killed." *Reuters*, December 26. www.reuters.com/article/instantarticle/idUSKCN1OP12H.

Zarroli, Jim. 2018. "It Was a Company with a Lot of Promise. Then a Chinese Customer Stole Its Technology." *NPR*, April 9. https://prod-text.npr.org/599557634.

Zeng, Ka. 2004. *Trade Threats, Trade Wars: Bargaining, Retaliation, and American Coercive Diplomacy.* Ann Arbor, MI: University of Michigan Press.

Zenglein, Max J. and Anna Holzmann. 2019. "Evolving Made in China 2025: China's Industrial Policy in the Quest for Global Tech Leadership." Mercator Institute for China Studies. https://bit.ly/3GyJalx.

Zheng, Shuwen. 2019. "Private Security Companies in Kenya and the Impact of Chinese Actors." JHU SAIS Working Paper.

Zhongguo qingnian bao. 2006. "Daguo jueqi: zhongyang zhengzhiju yici jiti xuexide xinwen"(Great Power Rising: News on a Collective Study of the Politburo). *zhongguo qingnian bao*, November 28.

Zhu Rongji. 2011. *Zhu Rongji Jianghua Shilu*(AVeritable Record of Speeches of Zhu Rongji), Vol. 1, 『주룽지 발언 실록 1』, 김승일 옮김, 범우, 2016.

Zoellick, Robert B. and Justin Yifu Lin. 2009. "Recovery: A Job for China and the U.S." Washington Post, March 6.

제국의 충돌
'차이메리카'에서 '신냉전'으로

ⓒ홍호평

1판 1쇄 2022년 10월 21일
1판 3쇄 2023년 1월 2일

지은이 홍호평
옮긴이 하남석
펴낸이 강성민
편집장 이은혜
마케팅 정민호 이숙재 김도윤 한민아 정진아 이민경 정유선 김수인
브랜딩 함유지 함근아 김희숙 고보미 박민재 박진희 정승민
제작 강신은 김동욱 임현식

펴낸곳 (주)글항아리 | 출판등록 2009년 1월 19일 제406-2009-000002호

주소 10881 경기도 파주시 회동길 210
전자우편 bookpot@hanmail.net
전화번호 031-955-2696(마케팅) 031-955-1934(편집부)
팩스 031-955-2557

ISBN 979-11-6909-045-2 03300

www.geulhangari.com